개정판

돈 벌면서 시작하는
중국 법인 설립 가이드

프롤로그
돈 내며 하는 중국 진출, 정부보조금 받으며 하는 중국 진출 • 8

PART 1
중국 진출, 법인 설립 왜 시작이 중요한가?

01 | 잘못된 시작 • 18

잘못된 질문은 잘못된 시작을 부른다 • 21
왜 나는 내 사업체를 잃었을까? • 31
중국 진출한 지 1년, 정부는 왜 아직도 인허가를 안 해주나? • 35

Special point
상하이 지역별 법인 설립 혜택 • 38

02 | 돈 벌면서 시작하는 중국 법인 설립 • 40

창업 국가로 가는 중국 • 41
한국에는 없는 중국의 초상국은 어떤 곳인가? • 45
어느 지역에 법인 설립을 해야 진행이 원활하고 혜택이 많을까? • 52
한국의 가상오피스 사업, 중국에는 왜 없을까? • 54
자유무역구에 법인을 설립해볼까? • 56
세계 최대 시장 중국, 나도 진출해볼까? • 59
한국 중국통들의 조언, 왜 막상 중국에 가면 다를까? • 63

Special point
중국에서 가능한 사업과 불가한 사업 • 65

PART 2
중국 진출,
용감한 한국인

01 | 외투법인은 중국 진출할 때 무엇을 준비하나? • 70
외투법인의 중국 진출 전 준비 사항 • 72
법인 구조는 어떻게 구성했나? • 73
외투법인의 재무 관리 • 74
아마존 중국 사업 인허가로 보는 VIE 모델 활용 • 75

02 | 한국법인은 중국 진출할 때 무엇을 준비하나? • 93
한국법인의 중국 진출 전 준비 사항 • 98
한국법인의 재무 관리 • 100

Special point
재무 인력 면접 시 체크할 사항 • 104

03 | 용감한 한국법인 • 108
컨설팅 회사에 맡기면 알아서 법인 설립해준다 • 110
회계 한 명 채용해서 다 맡기면 되지 • 113
회계 직원은 왜 이렇게 안 된다는 게 많지? • 115
회계, 정해진 대로 처리하면 되는 거 아냐? • 116
재무는 어려우니 네가 알아서 신고해 • 117

Special point
외자법인 설립 방법 및 종류 • 122

PART 3
중국 진출, 재무·세무 관리는 어떻게 하는가?

01 | 중국의 회계·세무 직원 채용 • 130
왜 회사는 작은데 회계 직원은 두 명이나 두어야 하지? • 132
재무 인력을 직원에게 소개해달라는 한국 사장님 • 133
한국 기업에 취업하려는 재무 직원 • 134
회계 자격증 꼭 있어야 하나? • 135

Special point
중국 회계·세무 자격증 종류 및 조건 • 136

02 | 중국의 회계·세무 일자별 업무 • 139

Special point
일자별 회계·세무신고 관리 사항 • 144

03 | 회계·세무 관리는 어떻게 하는가? • 146
안 된다고만 하는 재무 직원 활용법 • 149
사장이 보아야 할 회계·세무 업무 • 151
회계 업무, 직원을 채용할까? 외주로 할까? • 152
사장인 내 급여 어디서, 얼마나 받을까? • 154
한국으로 해외 송금하는 방법 • 155
홍콩에 법인 설립하면 어떨까? • 158
직접 경험한 보조금, 절세, 비용절감 사례 • 160

Special point
회계·세무 업무, 외주를 줄까? 직접 할까? • 170

04 | 사업철수, 기업청산 꼭 해야 하는가? • 173

10~20여 개씩 법인 설립하는 중국 사장 • 174
법인 이전은 왜 이리 복잡한가? • 175
기업을 청산하면 세금을 많이 납부해야 하나? • 177

Special point
기업청산 절차와 업체 선정 방법 • 179

에필로그 • 182
부록 외국인 투자 진입 특별관리조치(네거티브리스트) 2019년판 • 185

프롤로그

돈 내며 하는 중국 진출,
정부보조금 받으며 하는 중국 진출

중국에 진출하며 수업료만 내는 A회사와 오히려 정부보조금을 받는 B회사는 무엇이 다를까?

　중국 진출을 하려는 개인 투자자나 한국의 대·중·소 기업의 법인장들이 가장 많이 하는 이야기 중 하나가 '수업료'에 관한 이야기다. '중국에 수업료 얼마나 내셨냐' 하고 말이다. 사업을 하다보면 수업료를 납부할 수밖에 없긴 하다. 특히 중국은 지역별로 다른 관습과 문화를 가지고 있어 소비자의 행태 파악이 쉽지 않다. 말하자면 특수성이 존재한다. 그리고 지역별로 이해하고 적용하는 방식이 상이하고, 땅이 넓기 때문에 순차적으로 규정을 적용할 수밖에 없고, 정보 취득이 용이하지 않아 다르게 알고 있는 상식들이 많다. 또한 한국 사람들이 '꽌시'만 있으면 쉽게 처리 된다는 증명되지 않은 믿음 등을 가지고 있어 중국에 진출할 때 상대적으로 수업료가 더 많이 들어가게 된다.

　중요한 건 수업료를 내야 할 업무가 있고, 수업료를 내지 말아야 하는 업무가 있다는 것이다. 그중 고객에 대한 수업은 필수이다. 수업을 받는 과정 자체가 경험이며 회사가 발전하기 위해 거쳐야 되는 자연스러운 과정이다.

　그렇다면 지불하지 말아야 할 수업료는 무엇일까? 스피드가 생명인 시대에 지원 업무 때문에 일정이 지연되는 비용, 구매 혹은 관리 역량 부족으로 비싸게 지불하는 자재비·용역비, 잘못된 법인 구조로 인한 시간, 비용 손실, 그리고 마지막으로 보조금(세제혜택 등)을 못 받는 등과 관련된 수업료는 지불하지 말아야 한다. 만약 지불을 하더라도 최소한으로 해야 할 부분이다.

정부보조금도 같은 측면이다. 누구나 받을 수 있는 건 물론 아니다. 보조금 정책이 지역에 따라 다르고 지속적으로 변하니 눈을 크게 뜨고 찾아봐야 한다는 이야기다. 안타까운 건 많은 회사들이 중국에 보조금이 있다는 것 자체를 잘 모르고 있다. 그러니 관리가 안 되는 회사들은 직원들이 그 보조금을 개인 착복할 수도 있고 회사가 그 보조금을 받을 기회 자체를 놓치게 되어버린다.

회사의 지원 업무(회계, 세무, 판리, 법인 설립, 인사 등)를 한 지 19년째이다. 그중 중국에서만 12년이 넘게 일하고 있다. 그동안 상하이의 외국계 기업에서 프로젝트를 진행해보고, 중소기업에서 공장장 혹은 관리부장으로 회사 내 대부분의 업무를 처리했다. 그리고 대기업의 지원팀장, 재무팀장 역할도 했다. 그러니 이제야 조금씩 보이기 시작한다. 스스로가 우물 안 개구리였고, 벗어나려면 아직도 노력이 필요하다는 사실 말이다.

처음 5년간 중국이란 국가는 모든 게 비합리적으로 보였다. 상대하는 중국 직원, 수많은 공급상은 말할 것도 없고, 정부 구조와 공무원의 비합리적인 업무 처리, 지역과 담당자별로 다른 업무 이해 수준, 무개념 서비스 마인드 등 거의 모든 사항들이 그랬다. 중국 자체가 비효율적이라 생각하니 어려움을 만날 때마다 '당신들이 그럼 그렇지' 하고 불평하는 게 일이었다. 물론 일하면서 몇 가지는 해결하기도 했지만 필자의 생각은 변하지 않았다.

그 후 몇 년이 더 지난 후에야 중국 사람 간에 나름의 규칙을 외국인인 내가 이해하지 못했다는 걸 알게 되었다. 일반적인 사례들이야 다른 중국 관련 책들에 있으니 여기서는 굳이 언급할 필요는 없을 것 같다. 이 책에서는 필자의 경험을 다룰 예정이다.

그중 하나가 중국 정부 기관 중 인허가 기관과 초상국(투자촉진국)과의 관계다. 참고로 초상국은 외자기업들의 어려운 점을 전문적으로 해결해주는 부서와 투자를 유치하는 부서, 두 개로 나뉜다. 초상국은 두 개 부서가 전부 좋은 경찰 역할을 한다. 나쁜 경찰 역할은 인허가를 내주는 상무국, 위생국, 환경국, 소방국이 한다. 물론 둘 다 필요하다. 그리고 세금납부 실적에 따라 환급(여기서는 보조금이라 부르기로 하겠다)해주는 제도, 지주회사(한국의 SK, CJ 정도로 보면 된다. 중국에선 투자성 회사라 한다)나 지역본사를 설립할 경우 최대 500만 위안(9억 원)의 일시 보조금을 지원해주는 제도, 심지어 인테리어 보조금, 임차료 보조금, 고위관리직 생활보조금까지 말이다. 초상국에서 연간 행사로 세금납부 실적에 따라 상금을 주는 제도, 상무위원회에서 주요 외자기업들을 초청하여 밥도 사주고 선물도 준비하며 애로사항을 적극적으로 청취하고 해결해주려는 노력들 등 정부 관련 각 부서에서 각각의 노력들이 진행되고 있다. 이 부서가 갑자기 생겼냐고 묻는 분들이 많다. 원래 존재하던 제도이나 그동안 몰랐던 것이다. 불합리한 비효율적인 나라라고 생각하니, 내게 보이지가 않았던 것이다. 물론 규모에 따라 내가 찾아야 하느냐 상대방이 나를 찾기도 하느냐 하는 점이 차이라면 차이점이다.

다시 정부보조금 이야기로 돌아가보자. 보조금 때문에 중국 진출 여부를 결정하진 않겠지만, 이왕 중국 진출이 확정되었다면 초상국과의 협의를 통해서 업종과 지역에 따른 보조금을 최대한 얻어내자는 이야기다. 최근 중국 정부는 문화산업을 키우고 있다. 보통의 기업들은 한국 본사와 중국 본사에 해당 지역에 투자할지 여부를 결정짓는 투자심사위원회를 진행한다.

이때 해당 지역의 투자 여부를 결정할 때, 투자수익률 ROI이 적어 입점하지 않는 지역이 있다. 이쯤에서 염두에 두어야 할 부분이 있다. 30억 투자비에 4~5억을 투자한 다음 해에 일시 보조금으로 지원을 해주는 지역이 있다. 하지만 대부분 투자 의사를 결정할 때 이 사항은 고려하지 않는다. 불확실하기 때문이다. 아니, 정확하게는 불확실하다기보다 잘 모르기 때문이다.

사실 투자비를 더 낮춘다면 20억 투자비(자금 기준, 리스 활용 등) 중 5억을 미리 돌려받는 개념이다. 물론 문화산업이라는 특수 업종만 가능하고 높고 낮음은 있겠지만 보조금 수취는 가능하다. 모두 눈을 크게 뜨고 찾아보자. 없다 생각하면 없고, 있다 생각하면 받을 가능성이 있다. 참고로 나는 컨설팅 업종으로 한화 2000만 원 자본금(과거 컨설팅 최소자본금은 3만 불이다)으로 진행해보았다. 이렇게 작은 규모에도 불구하고 정부보조금 수취가 가능한지 테스트해보았다. 이 정도 소규모 투자금과 매출 규모가 가능하다면 99% 이상의 기업들도 다 가능하지 않을까 해서 말이다. 가상오피스를 통해야 하지만 가능은 하다. 초판이 나온 이후 2년 넘게 흐른 지금, 그 테스트의 결과도 조금씩 나오고 있다.

마지막으로 한 가지 추가할 사항이 있다. 사실 개인적으로는 가장 하고 싶은 이야기다. 원래 회계, 세무 이야기만 쓰고자 했으나 시장성이 없었다. 보조금은 사장님들이 관심 있어 하는 사항들이었으나 회계, 세무는 관심이 없다. '무슨 말이지? 나는 관심이 많은데' 하는 사람들이 대부분일 것이다. 그런데 시간을 투자하고 비용을 전혀 지불하지 않으려고 한다. 그건 관심 있는 척만 하는 것이지 사실은 없는 것이나 매한가지다.

영업도 어려운 마당에 관리까지 할 시간이 어디 있냐고 반문할 수도 있다. 그러나 영업을 잘해도 관리를 안 하면 줄줄 샌다. 사장이 관심이 없는데 절대 누군가 대신 관리해주는 그런 일은 일어나지 않는다. 게다가 채용하는 인력 수준도 또한 뻔하다. 고졸 경리를 채용하고는 많은 걸 원하고, 실력 없는 사람을 채용하고선 실력 없다 원망한다. 그리고 영업은 잘 되었는데, 사람 운 혹은 관리 운이 없다고들 한다.

영원히 1인기업, 소기업, 중소기업을 하자고 중국에까지 가서 사업을 하려는 것은 아닐 것이다. 목표는 큰데 회사가 클 준비는 안 한다. 그래서 회사가 영업이 살 돼도 관리 문제가 터지고, 영업이 잘 안 되면 영업이 안 돼서 망한다. 중소기업에서 성장할 때, 어떤 관리 포인트를 가져가야 하는지 정도는 알아야 한다. 회계, 세무만 15년 했던 필자도 중국에 와서 너무나 많이 헤맸었고, 관련 책을 찾아보았지만 실무와는 동떨어진 이론 서적만 있고, 실무에서 부딪치는 문제를 다룬 서적은 단 한 권도 찾아볼 수가 없었다. 일부 회계 법인들의 도움도 받긴 했으나 대부분 하나하나 무식하게 부딪히며 배웠다. 누구의 잘못이겠는가, 사람이 보질 않아 시장이 없으니 없을 뿐인 것을. 그래서 그 이야기도 일부 언급해본다.

 이 책이 출간되면 일부는 '뭐 이런 쉬운 책을 냈어? 나도 내겠다' 혹은 중국에 '이런 보조금도 있었어? 회계, 세무 관리가 그렇게 중요한 거였어?' 등 여러 반응이 있었으면 좋겠다. 반응이 없는 것보다 욕을 먹더라도 반응이 있었으면 좋겠다는 게 솔직한 심정이다. 사람들이 중국에 대해 아는 사람들보고 '중국통'이라고 한다. 단호하게 말하자면 중국에 중국통은 없다. 중국에 중국통이라고 불리는 외국인들이 있을 뿐이다. 나는 한국에서 30년 이상을 살고 중국에서 10년 넘게 살고 있지만 한국통도 아니다. 중국인과 결혼해서 10년간 살았다고 중국통이 아니다. 평생을 노력해도 중국통이 될 수는 없다. 100년을 한국에서 산 한국 사람들도 한국을 모른다. 아니 세뇌를 당할 기회가 많아 더 모를 수도 있다. 우리나라보다 18배 큰 땅에 44배 인구를 가진 중국을 다 아는 사람이 있다는 것은 말도 안된다. 중국통이란 단어는 대개 둘 중에 하나로 쓰인다. 중국에 대해 관심은 있지만 잘 모르는 사람들에게 중국에 몇 년 있었던 사람이 자신을 중국통이라고 하는 경우, 혹은 중국 사람들이 중국에서 살았던 외국인에게 중국에 관심을 가져주어 감사하다는 예의의 표시로 불러주는 경우, 그 이상도 이하도 아니다. 스스로 중국통이라고 하는 사람들을 잘 살펴보길 바란다. 중국통이 아닌 중국의 ○○ 분야 전문가처럼 구체적일수록 좋다. 그래야 중국에서 사업하는데, 카더라통신 말고 서로 도움이 될 수 있는 한국인들의 인프라가 구축될 것이라 믿는다. 물론 난 그 만분지일에 해당하는 그 작은 분야의 전문가였으면 좋겠고, 그렇게 노력하고자 한다. 그래서 비판이나 의견을 주시면 너무 감사하겠다. 이것이 필자에게 자극을 줄 것이고, 또한 더 나아가 그것이 부메랑이 되어 한국 강소기업들에 도움이 될 것이라고 기대한다.

마지막으로 이 책의 개정판이 나올 수 있도록 도와주신 분들께 감사 인사를 전한다. 믿고 업무를 맡겨 주시고, 각종 케이스로 나를 단련시키는 고객분들께, 특히 각종 정보를 시간 내어 공유해주시는 박성균 법인장님과 중국에 오실 때마다 시간을 내주시는 최 박사님께도 깊은 감사를 드린다.

내가 14년간 해온 회계와 세무를 떠나 요식업을 한다고 했을 때 유일하게 나를 믿어준 사랑하는 아내 캐리와, 바쁘다고 함께 시간을 많이 보내지 못했어도 잘 자라주어 고마운 딸에게, 어려운 환경에서도 내가 이 분야에 발들일 수 있도록 지원을 아끼지 않으셨던 엄마와 이모, 그리고 오빠를 걱정하는 두 동생에게도 이 기회를 빌려 항상 감사한 마음을 전한다.

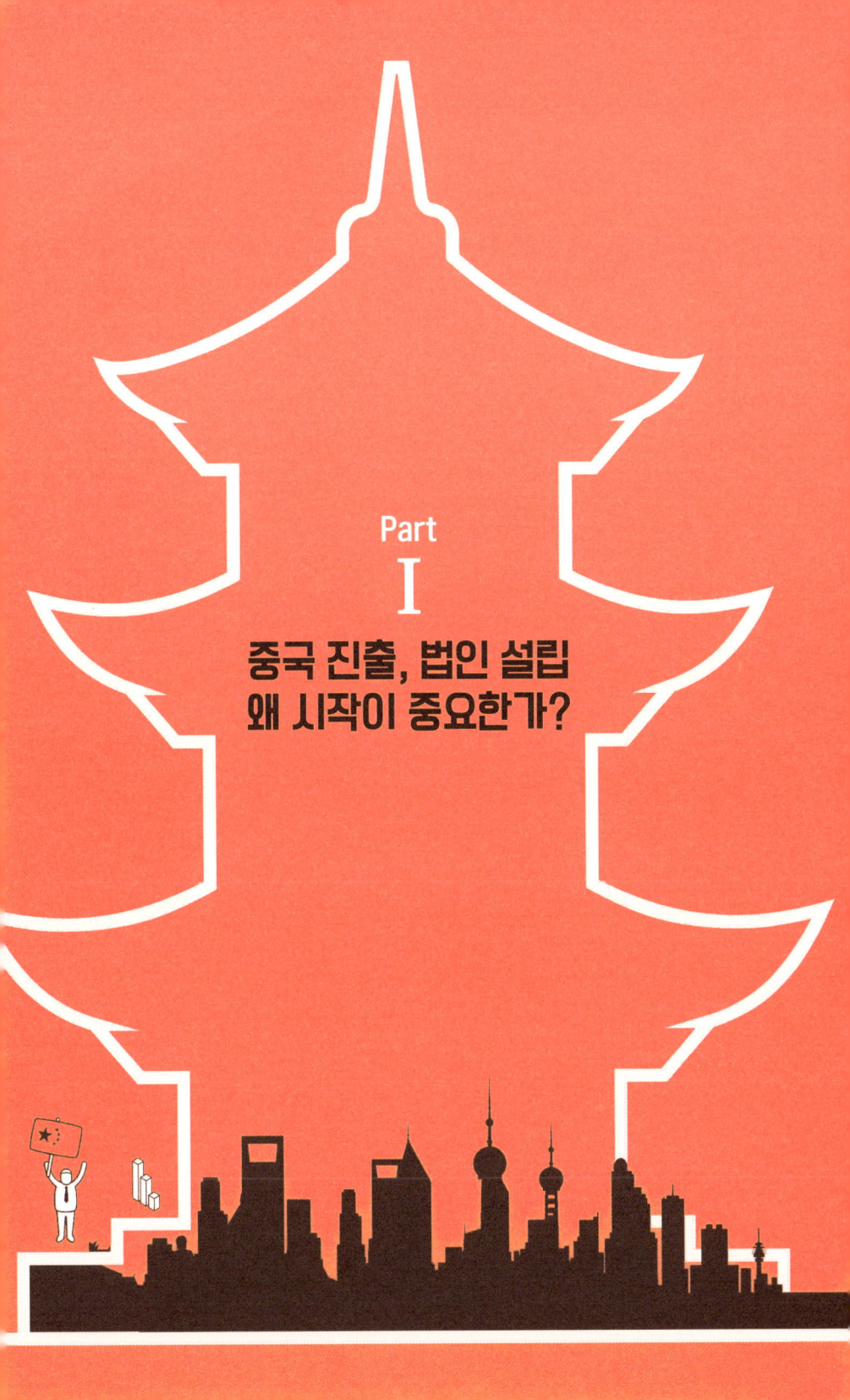

Part
I

중국 진출, 법인 설립
왜 시작이 중요한가?

1
잘못된 시작

과거에 비해 확인하기 좋아졌다 하나 그래도 제대로 된 정보를 취득하기 어려운 나라가 바로 중국이다. 중국에선 아는 만큼 빠르다. 근데 알려면 한 번 확인해서는 안 되는 경우가 태반이다. 두 번, 세 번, 드문 질문이라면 열 번을 확인해야 할 때도 있다. 다음의 대화처럼 말이다.

A회사

중국에 온라인 쇼핑몰 사업을 하려고 합니다. 상하이 자유무역구는 온라인 쇼핑몰이 된다고 해서 자유무역구에 법인을 설립했습니다. ICP허가증 받으려고 하는데, 어떻게 하면 ICP허가증을 받을 수 있을까요? 블로그를 보고 연락드렸습니다.

필자

상하이자유무역구에서 ICP허가증을 받을 수 있다고 누가 그러던가요?

B회사

중국에서 내 상품을 오프라인과 온라인으로 판매하려고 자유무역구에 법인을 설립했습니다. 법인 설립 대행 비용을 별도로 납입하고 매년 가상오피스 임차료로 2만 위안씩 납부하고 있는데, 계속 납부해야 하나요?

필자

본인 상품만 판매하시는 거면 ICP비안으로 상하이 어디든 법인을 설립하셔도 되는데, 왜 매년 가상오피스로 2만 위안의 비용을 낭비하시나요? 게다가 가상오피스는 무료로 임차가 가능합니다.

> **C회사**
>
> 중국에서 식당 사업을 해보고자 왔는데 외자법인 설립이 어렵다고 들었습니다. 그래서 10년간 알고 지내던 중국인 파트너를 내세워 내자법인을 설립했습니다. 그런데 이익이 난 것은 고사하고 투자금마저 빼앗겼습니다. 이익을 본 금액은 받을 수 없다 하더라도 빼앗긴 투자금을 돌려받고 싶습니다.

필자

> 식당 외자법인 설립은 어렵지 않습니다. 제대로 한다면 내자법인과 10일밖에 차이 나지 않습니다. 1억을 투자하시면서 10일 빨리 법인을 설립하시려고 1억을 남의 명의로 투자하신 꼴입니다.

> **D회사**
>
> 우리는 수출입허가증이 필요 없는 무역 법인입니다. 그런데 신청한 지 3개월이 지나도록 영업허가서(영업집조)가 나오지 않았습니다. 원래 이렇게 늦나요?

필자

> 계약 후 한 달 반이면 영업집조 발행이 가능합니다. 사인을 늦게 해주셨을 수도 있고, 초보 담당자라 업무 처리 지연되었을 수도 있습니다. 그래서 법인 설립 진행 현황을 확인하시려면 업무 진행별로 하나하나 일정을 확인하셔야 합니다. 최종적으로 법인 설립이 되는 날짜만 기다리는 건 좋지 않습니다.

회사 직원들도 확인이 안 되는 경우 하세월인 경우가 일반적인데, 남의 회사에서 하는 일처리를 내가 어떻게 관리하겠는가? 그런데 할 수 있다. 업무별로 세세하게 쪼개서 확인하면 된다. 그럼 어디서 안 되는

지, 잊고 처리를 안 한 것은 없는지 알 수가 있다. 하나씩 살펴보자.

01 | 잘못된 질문은 잘못된 시작을 부른다

다음은 중국에 법인 설립을 하려는 중소기업들이 주로 하는 질문이다.

- 중국에 법인 설립은 어떻게 하나요?
- 대리비를 제외하고 실질적인 비용은 얼마나 드나요?
- 통장에 돈은 얼마나 있어야 하나요?
- 사무실이 있어야 하나요?
- 요새 외자기업 세제혜택은 많이 없어졌다던데, 다시 받기 힘들겠죠?
- 자체 쇼핑몰도 하고 싶고, 티몰도 할 예정이고, 오프라인도 하고 싶은데 어떻게 해야 할까요?
- 중국에 안 되는 사업들이 많던데 가능한 사업, 불가한 사업은 어디서 알 수 있나요?
- 자유무역구는 중국 사업이 불가한 사업도 가능하다던데 맞나요?
- 무역 법인을 설립하려고 하는데, 자유무역구에 세우면 되나요?
- 중국에 있는 한국계 기업과 거래가 있는데, 세금이 너무 많아요. 해외 송금할 때 그렇게 세금이 많이 드나요? 그렇다면 중국에 법인을 세워야 할까요?

간단히 말하면 법인 설립은 쉽다. 각 구별 정부 부처(공상국, 상무국 등. 현재는 행정서비스센터XX区行政服务中心에 대외 업무 부서들을 모아 효율이 높아지고 있다)에 가서 직접 양식을 받거나 정부 부처 홈페이지에서 양식을 다운로드받아 작성해서 제출하면 그만이다. 그냥 하나의 절차일 뿐이다.

물론 아직 많이 번거로운 부분이 있긴 하지만 중국어가 가능하고 시간이 있다면 혼자서도 가능하다. 과거와 달리 비용도 500위안 정도밖에 들지 않는다. 시진핑·리커창 정부가 들어서면서 법인 설립 프로세스가 단축되고 법인 설립 비용을 대폭 줄였다. 500위안의 비용도 법인 설립 비용이라기보다 인감 제작과 자금증명 번역 비용이다.

공무원 업무 표준화와 자세가 아직 제대로 갖추어져 있지 않아 시간이 더디고 속은 상당히 터질 테지만 말이다. 그러니 업무 처리가 어려워서 법인 설립을 못하는 것은 아니다. 컨설팅 용역 업체가 존재하는 이유는 내 시간을 절약하기 위해 혹은 내가 사업 본질에 집중하도록 행정 업무를 대신 처리해주기 위해서이다. 이건 선택 사항이니 추후 다시 살펴보기로 하자.

그럼 도대체 무엇이 중요하다고 하는 것일까?

재주는 한국만 부리나

SBS 스페셜 〈한류를 파는 왕서방〉이라는 방송을 보았다. 재주 부리는 곰은 한국이고, 돈 버는 왕서방은 중국이란 내용의 방송이었다. 한류가 판매되는 현상을 설명해주고, 몇 가지 사례를 통해서 우리가 나아가야 할 방향을 제시한 좋은 프로그램이었다고 생각한다.

그러나 이 프로그램에서도 간과하고 넘어간 부분이 있다. 중국에서는 우리가 돈을 벌 수 없는 금지 산업들이 존재한다. 반드시 소비자에 대한 이해가 부족해서 중국인에게 뒤처지는 것이 아니라 외국인이 사업 자체를 할 수 없는 산업들이 있다는 이야기다. 시간 관계상 프로그램에서 그 부분까지는 언급을 못 했을 수는 있겠으나, 마치 누구나 할 수 있는데 우리가 그걸 놓치고 있다는 인상도 얼핏 주고 있어 아쉬웠다.

　예를 들어 '아이치이'라는 기업은 〈별에서 온 그대〉 등으로 대박이 난 동영상 사이트다. 진출 제한도 아니고 금지 산업이라 진출하고 싶어도 못한 건데, 마치 한국 기업들을 재주만 부리는 곰으로 언급한 면은 아쉽다. '관련 외국 기업 제한'이나 '금지 산업'이라는 단어를 한 번 정도만 언급이 했어도 좋으련만 한 마디도 나오지 않았다. 그래서 법인 설립 전이 중요하다. 먼저 중국에서 외국인이 할 수 있는 아이템인지, 사업성이 있는지 등을 당연히 확인해보아야 할 것이다.

　살펴볼 것은 이것뿐만이 아니다. 시장조사를 한 후 확신이 들었거나 개인적으로 사업하고 싶은 도시가 있다면, 그다음은 '도시의 어느 지역에 법인 설립을 할 것인가?'도 중요하다. 필자도 사실 한국에서 경험한 것과 달라 이해하는 데 한참 걸렸다. 사업 아이템이 중요하지 시장조사에 대해 진출 도시가 왜 중요하며, 도시가 결정이 되었으면 법인 설립을 하면 되지 어느 구区에 하는지 도대체 뭐가 중요한가 말이다.

　그런데 수십억의 보조금을 받고 어려울 때 도움을 주는 정부 관계자들을 만나보면서 알게 되었다. 도시도 중요하지만 도시의 하위 지역인 지역구도 상당히 중요하다는 걸 말이다. 사실 서울에서 사업을 한다고 할 때 체면이 필요한 금융권, 컨설팅, 정부대상 영업 업체를 제외하고는 사무실 위치가 딱히 중요하지 않다. 그러나 중국은 다르다. 중국 시장도 성장 둔화와 경쟁 격화 등으로 수익성이 점점 줄어들어 한두 푼 벌이가 아쉬운 이때 정부의 지원이 적극적인 곳, 정부보조금이 있는 지역에 진출하는 게 유리하지 않겠는가.

필자가 이렇게 말하면 그건 대기업만 해당하지 않느냐고 반문하는 분들이 있다. 물론 대기업처럼 투자금이 많으면 좀 더 유리하긴 하다. 그러나 중소기업도 불가능한 것은 아니다. 다음 세 가지를 지렛대로 활용하면 가능하다. 물론 이때 초상국과의 미팅은 필수이다.

- 업종별 최소 자본금 규정 및 납입 시기 규정 폐지
- 교외郊区, 즉 상하이교외지역 자체 경제발전을 위한 보조금
- 가상오피스(주소지 제공 서비스)

위의 질문들과 조건들은 다음 장에서 알아보기로 하고, 법인 설립 전 중요한 사항들에 대해 이어서 이야기해보겠다.

컨설팅 회사와 하면 안 되는 이야기가 있다

초기에는 대기업이 진출했고, 그 다음 타자로 중소기업이 진출했고, 지금은 소기업들이 중국에 진출한다. 과거에 비해 중국 관련 정보가 많이 열려 있어, 대기업과 중소기업에 다니시는 분들은 많이 파악하고 있는 상태이다. 그러나 소기업 혹은 1인기업을 운영하시는 분들은 전문적이지 않은 지인을 통해 중국 소식을 많이 접하고 있다. 정보가 적은 것이 문제가 아니라 지금은 무분별한 정보가 많아 문제다. 그걸 가려내는 사람이 따로 있어야 할 정도이다.

그러다 보니 대화를 하다보면 법인 설립이 필요 없는 경우도 있고, 법인 설립보다는 시장조사를 먼저 해야 하는 경우도 있고, 창업아이템에 맞는 지역에 대한 조사가 선행되어야 하는 경우도 있다. 다양한

상황 앞에 종종 갈등도 했다.

'법인 설립을 해달라는데 그냥 해드릴까? 하지 말라고 내가 조언하는 건 월권 아닌가? 아니야. 그렇더라도 내 돈 조금 벌자고 그럼 안 되지. 일단 법인 설립을 진행하게 되면 임대료, 영업사원들 인건비를 제외해도 법인 설립, 대리기장, 회계감사 등으로 연간 최소 500만 원 이상은 비용이 들어갈 텐데, 더 알아보고 하시라고 해야지.'

몰랐으면 모르되, 중국 사업에 10여 년 사업성 분석 등 관여를 한 죄로, 잘못된 혹은 안 되는 것들이 보이는 죄로 말이다.

투자할 지역을 선정하는 것도 마찬가지다. 지역구별로 키우는 산업이 있고, 별로 달가워하지 않는 산업이 있다. 달가워하지 않는다는 건 인허가 문제가 된다는 이야기다. 이게 사람들이 소위 말하는 '중국은 되는 것도 없고 안 되는 것도 없다'는 부분이다. 이렇게 말하는 사람 중에 본인이 모르는 것을 감추기 위해 이 표현을 많이 쓰기도 한다. 물론 모르고 그런 표현을 쓸 수도 있다. 외국인은 이런 중국을 이해하기 어렵다. 아니 중국인들도 깊게 파헤치지 않는 한 모른다. 문제는 누구냐가 아니라 누가 얼마나 깊게 확인했느냐가 중요하단 이야기다. 꽌시도 일부 있지만 점점 투명해지고 있으니 예외 사항은 여기서는 언급하지 말자. 한국 정부도 종종 말도 안 되는 법을 통과시키려고 하지 않는가? 양의 차이일 뿐이지 본질은 같다.

다음은 회사와 컨설팅 업체 사이에 오가면 안 되는 대화 내용이다.

> **회사**
> 법인 설립 하려는데 어떻게 해야 하나요? 준비자료를 좀 알려주세요.
> 사무실은 ○○시 ○○구에 얻을 예정인데, 법인 설립해주세요?
> 자유무역구에 하려고 법인 설립을 하려고 하는데 얼마나 걸리나요.
> 무역업을 하려고 하는데 어디에 할까요?

> **컨설팅 업체**
> ○○ 자료를 준비하시면 됩니다.

위의 언급한 사항들에 대해 지역별 우대 정책, 정책 변화 등의 정보를 활용해야 한다. 회사의 사업 종류 및 향후 계획에 따라 법인 설립 전후 어떻게 진행하는 것이 회사에 비용 절감 및 가장 큰 이익을 가져다줄 것인지 함께 고민하며 진행해야 한다.

물론 주체는 회사다. 최소한 기본적인 사항은 알아야 시간과 비용을 고려해 회사가 직접 할 것인지, 컨설팅 업체에 의뢰할 것인지 결정할 수 있다. 만약 컨설팅 업체에 의뢰한다면 어느 업체가 일을 효율적으로 하는 업체인지, 그냥 요청한 대로만 일 처리만 해주는 업체는 아닌지 판단할 수 있는 자체 역량 정도는 만들어놓고 중국에 진출하자는 이야기다.

사례 하나를 더 들어보겠다. 지인을 통해 한 회사에서 연락이 왔다. 자유무역구에 법인 설립을 할 예정이고, 서너 군데의 컨설팅 업체에 문의를 했는데, 답변이 다 다르다 한다.

다음은 필자와 회사의 유선 통화 내용이다.

필자: 왜 자유무역구에 법인을 설립하려고 하시나요?

회사: ICP허가증이나 비안备案을 받을려고요.

필자: 어떤 사업이신가요?

회사: 무역업입니다. 수입해서 인터넷에서 판매하려 합니다.

필자: 그럼 타오바오나 징동 같은 곳에 입점을 계획하고 있으신가요?

회사: 아뇨. 아직 그런 계획은 없습니다.

필자: 그럼 직접 홈페이지를 만들어서 판매하실 예정인가요?

회사: 현재는 직접 판매를 생각하고 있습니다. 언젠가는 타오바오나 징동에 입점할 수도 있겠지만요.

필자

타오바오 혹은 징동에 입점하시면 ICP는 필요없으나 직접 판매를 생각하고 계시면 ICP는 필요하고 허가증, 비안 중에 비안으로 하시면 되겠네요.

업체

ICP비안이요?

필자

예. ICP비안이요. ICP허가증은 타오바오, 징동 같은 쇼핑몰을 운영(입점이 아니라)하려면 ICP허가증许可证을 받아야 하나, 내가 수입한 제품 혹은 생산한 제품을 소비자에게 판매할 때는 ICP비안备案으로도 가능합니다. 상하이에서는요. 타 도시의 경우 비안으로 B2C 판매가 가능한지는 별도로 확인이 필요합니다.

업체

ICP비안도 하시나요?

필자

아뇨. ICP비안은 하지 않는데, ICP비안받는 건 무료예요.

업체

비용을 받는 회사도 있던데요?

필자

그건 한국에 있는 회사고요. 한국 회사는 시간을 들여서 업무 안배 및 용역 업무를 진행하니 당연히 수수료를 받아야죠. 근데 중국에 있는 업체들은 ICP비안에 대해 돈을 받으면 상하이정부에서 문제를 제기할 소지가 있어요. 쉽기도 하고요. 그래서 호스팅 업체에서 무료로 ICP비안을 대행해 줍니다. 소요기간도 공식적으로는 20일이나 실질은 5~10근무일이면 가능합니다.

업체

> 이야기가 다른 쪽으로 흘렀네요. 그럼 왜 자유무역구에서만 ICP비안이 된다고 하는 거죠?

필자

그분들이 그렇게 말씀하시는 배경은 잘은 모르겠으나 컨설팅 회사들이 일단 돈을 벌기 위해서 그렇게 말씀하실수도 있고, 아님 그분들조차 모르실 수도 있습니다. 또한 ICP허가증과 ICP비안이 명칭이 혼동되어 그렇고요. ICP비안은 이론상 어느 지역이나 가능하고, ICP허가증은 내자법인만 가능합니다.

업체

> 그럼 저랑 상관은 없지만 ICP허가증은 외자는 받을 수가 없나요?

필자

예. 아직은 받을 수 없습니다.

업체

> 그럼 자유무역구는요?

필자

ICP허가증 받을 수 있다는 곳도 많고, 안 된다는 이야기도 있습니다. 일부 한국법률회사에서도 된다고 하는 분들도 계

> 세요. 그분이 틀린 건 아닙니다. 규정상 된다고 한 부분이 있으니까요. 근데 중국에서 중요한 건 사례입니다. 푸동 초상국 관계자의 말을 인용하면 사례가 아직 단 한 건도 없습니다. 물론 사례가 생기면 그때 검토하시면 될 것 같고요.

업체
> 그럼 제가 자유무역구에 법인 설립한다고 했을 때, 다른 업체들은 그런 이야기를 왜 안해주나요?

필자
> 그건 고객님이 자유무역구에 법인 설립해달라고 했지, 왜 법인 설립하는지는 말씀하지 않으셔서 굳이 말씀을 드리지 않았을 수도 있고, 몰라서 그랬을 수도 있습니다. 저는 자유무역구가 현재 제대로 운영되지 않고 있고, 자유무역구에는 여러 이해관계(돈벌이)가 얽혀 있다고 봅니다. 저는 이 점이 걸려서 자유무역구에 법인 설립하시려는 이유를 고객님께 미리 확인한 것입니다. 왜 법인 설립 비용도 비싸고, 유지비도 비싼 자유무역구에 굳이 법인 설립을 하시려고 하나 해서 말이죠.

일주일에 2~3건의 대화가 대개 이런 식이다. 그래서 자주 이 책에서 언급한다. 어떤 일이든(법인 설립, 세무 등) 맡기는 게 능사가 아니라 판단 능력을 키워야 한다고 말이다.

그럼 그 기초적인 판단력을 갖추지 않고 카더라통신만 믿고 사업을 시작한 업체들 사례를 보도록 하자.

02 | 왜 나는 내 사업체를 잃었을까?

외국에 투자한 경험이 있는 사람 중에서 유독 중국에서 투자와 관련한 좋지 않은 일을 당했다는 사람이 많다. 소위 사기를 당한 사람이 많다. 여러 이유가 있겠지만, 필자도 정확히는 잘 모르겠다. 10년간 중국인들을 여러 다양한 곳에서 교류를 해보았다. 고압적인 정부 고위관계자, 기업 친화적인 공무원, 세무공무원, 회사 동료, 부하직원, 집 청소해주는 분, 동네 장사하는 사람, 등 겪어보면 공통점이 한 가지 있다. 기브앤테이크가 명확하다.

아래 몇 가지 사례가 나올 텐데, 결론은 사람이다. 상대방인 중국 친구들이 보기에 내가 이 사람과 함께 하는 게 나에게 이익이 되지 않는 거였다. 한국인 사장님들은 보통 말한다. 난 직원들에게 정말 잘해주는데, 직원들은 그렇지 않다고. 혹은 주변 중국인들에게 잘해주는데, 그 사람들은 내 맘 같지 않게 잘 대해주지 않는다고 말이다.

가슴에 손을 얹고 생각해봐야 한다. 십년지기 친구라 하지만 정말 친구로 생각했었는지, 직원에게 정말 순수하게 잘해주었는지를 말이다.

아래 몇 가지 사례를 보자.

오랜 지인도 다시 보자

중국 10년 차인 예주 님, 6년간 친자매처럼 알고 지내던 중국 친구와 사업을 하기로 의기투합했다. 각 1억씩 투자하기로 하고 옷가게를 시작했다. 의류 업종은 제한 업종이 아니라 50대50으로 지분 투자를 하면 합자법인이 가능했으나, 6년간 알아온 사람에 대한 믿음이 있었고, 법인 설립 소요 기간이 1~2주 단축되고, 법인 설립 비용이 차이 난다는(내자법인으로 법인 설립 시 외자보다 약 50 ~ 80만 원 저렴) 등의 이유로 중국 동생 이름으로 내자법인을 설립하고 사업을 진행했다.

그렇게 함께 1년 동안 고생하니, 손익분기점BEP을 달성하고 한류의 도움으로 매월 1000만 원씩 이익이 나기 시작했다. 그러던 어느 날 한국에 일이 있어 보름간 다녀오니, 무단결근을 사유로 회사로부터 해고 통지를 받고, 취업증도 해지된 상태였다.

주변 지인을 통해서도 알아보고 변호사와 미팅을 해보았지만 차명 자체가 불법인 데다 서로 믿는 관계라 자금투자분에 대해 차용증조차도 따로 작성하지도 않았던 것이 화근이었다. 소송을 원하면 해보겠으나 승소 가능성은 전혀 없다는 답변이었다. 은행을 통해 송금했더라도 승소 가능성이 적었는데 그나마 중간중간 자금이 필요할 때마다 현금으로 주었으니 더욱 어려운 상황이었다. 화병도 나고 더는 중국에 머물고 싶지 않았다. 돈도 돈이고, 사람에 대한 배신으로 감당할 수가 없었다. 지금은 한국으로 복귀해서 잊으려고 노력 중이시라는 지인의 말씀이다.

인감이 내 손에 있어도 소용없다

한국에 있는 한 의류제조 업체 사장인 용철 님, 역시 같은 이유로 중국 직원 명의로 사업체를 시작했다. 사업이 잘되지 않을 때는 명의대여 문제가 없다. 돈이 벌리지 않고 회사에 돈이 없는데 누가 문제를 삼겠는가.

명의대여한 사업이 문제될 가능성이 적다고 안심하시는 분들이 많다. 이유는 한 가지다. 성공해야 문제가 되는데, 흔히 대박 나는 경우는 1% 내외다. 1% 내외에서 문제가 생기니, 우리에게 들리는 명의대여 문제는 많아야 1%인 것이다. 조금 과장하면 그 1%의 명의대여 문제가 우리에게 들렸다면 명의대여를 해서 성공한 사업체는 100% 문제가 생겼단 이야기다.

겨우 적자만 모면하던 3년간 아무런 문제가 없었다. 4년째가 되자 드디어 수익이 나기 시작했다. 당연히 중국 직원은 본인 명의로 된 회사에 이익이 쌓이니 아쉬운 생각이 드는 것이다. 월급을 두 배 올려달라고 했다. 용철 님이 보기에 그 직원은 몇 년 전과 달리 그다지 열심히 일하지 않았다. 게다가 웬만한 일들은 다른 직원에게 시키며 준사장 행세를 하는 게 마음에 들지 않았다. 그래서 말도 안 된다며 일언지하에 거절했다.

3개월 후 잠시 출장 다녀온 어느 날 공안국에서 찾아왔다. 가짜 인감 사용에 대한 신고가 들어와서 왔단다. 오해가 풀려 구속까진 되지 않았다. 알고 보니, 그 3개월간 서류상 법인대표였던 직원이 기존 인감을 분실신고하고, 새로 인감을 모두 만들어버렸다. 법인대표가 그 직원이니 직접 분실신고하고, 세 개 신문 중 하나에 게재登报한 후 인감을 모두 새로 만들 수 있었다. 물론 공안국 등록도 마친 상태라 정식으로 등록된 인감이었다.

회사 내에 있던 자금이 모두 빠져나가는 것은 물론이고, 회사는 원래 그 직원 명의로 되어 있으니 신고해봐야 방법이 없었다. 대표 인감이 찍힌 법적으로는 하자 없는 서류였으니 말이다. 회사도 돈도 이미 없어진 상태였다. 통장을 내가 관리한다고, 법인 인감이 내 손에 있다고 안심할 일이 아니란 이야기다.

이익이 나도 억울해

액세서리 사업하는 건영 님, 지금은 이우의 가게 하나에 100만 위안(1억 7000만 원)에서 300만 위안(5억 원)정도 하는데 10여 년 전에는 개당 5만 위안이었다고 한다. 네 개를 20만 위안에 구매를 했다. 보는 안목이 훌륭하다고 할밖에. 지금도 그렇지만 상가는 외국인에게 아직 개방되지 않았다. 구입할 길이 없어 직원 명의로 구매했다. 몇 년 후 가격이 10배 이상 뛴 것을 안 직원이 협상을 해왔다. 상점 네 개를 빼앗길 것인지, 아니면 두 개라도 건질 것이지 결정해야 했다. 어쩔 수 없이 상점 두 개를 주고, 두 개만 챙겼다고 한다. 물론 명의 이전이 불가하니 당시 매각으로 현금화했다고 한다. 당시 10배 이상이 올랐으므로 두 개를 빼앗기고도 다섯 배 이상의 돈은 벌었지만 다시는 사람을 믿지 않겠다고 했다.

물론 중국 직원 명의로 아직도 사업을 잘하시는 분들도 있다. 공통점이 있다. 직원들로부터 존경을 받는다. 정말 가족처럼 잘해준다. 사업이 그 직원의 능력이 아니라 그 사장님 인맥(네트워크)으로 운영이 된다. 즉 실질 한국 사장님이 안 계시면 법인 매출에 영향이 지대하다. 법인에 많은 자금을 남겨두지 않는다. 직원 한 명이 아닌 세 명으로 지분을 분산해서 세 명이 함께 뭉치지 않는 한, 다른 짓 못 하게 구조적으로 만들어놓았다.

한국 사장님들이 또 하나 오해하는 게 있다. 중국 사람이 쉽게 명의대여를 해준다는 것이다. 내가 아는 중국 지인들은 절대로 명의대여를 해주지 않는다. 명의대여를 해준다는 건 잘못되었을 때 법인대표로 되어 있는 본인(중국인)이 감옥에 갈 수도 있고 또한 경제적인 책임을 질 수도 있다. 직원 혹은 지인이 명의대여를 해주었다는 건 흑심이 있을 때다. 그렇지 않으면 사장님이 그 직원으로부터 존경을 받고 있거나 은혜를 입어 갚을 마음이 있을 때에서야 비로소 명의대여를 해준다. 즉 직원에게 존경을 받고 있다는 자신이 없다면 명의대여는 꿈도 꾸지 말길 바란다. 그게 아니어도 지금은 명의대여를 할 이유가 많지 않다.

03 | 중국 진출한 지 1년, 정부는 왜 아직도 인허가를 안 해주나?

전 직장 동료의 친구가 중국에서 요식업 사업을 계획했다. 그 친구는 3억을 투자해 집기를 구매하고 $400\,m^2$에 달하는 가게의 인테리어를 마쳤다. 본격적으로 사업을 시작하려고 했을 때 문제가 하나 생겼다. 인허가가 떨어지지를 않는 것이다. 알고 보니, 건물 전체가 소방1차 허가가 나지 않았다. 소방인허기기 날 수 없는 구조였던 것이다. 그 상태에서 1년이 지났다. 물론 임차료는 지급하지 않았고 집주인도 임차료 미납에 대해 별 이야기가 없었다. 건물 소방1차 허가 완료 후 드디어 식당의 인허가 진행이 가능하다는 이야기가 들린 어느 날, 집주인이 변호사를 대동하고 나타났다.

결론부터 말하면, 나가든지, 1년간 밀린 임차료를 내든지 선택하라고 한다. 계약서에 인허가 관련 조건이 없었다. 사실 뭐 조건이 있었어도 대응이 쉽지는 않았을 것이다. 인테리어 기간 한 달만 임차료를 면제하는 조항만 있었다. 어쩌겠는가? 그냥 나가자니 그동안 인테리어에 들어간 3억을 날리기 아까웠다. 어쩔 수 없이 협의해서 50%씩 부담하는 조건으로 마무리하고 인허가 후 영업을 시작했다.

작은 회사니 그럴 수 있다고 생각하는가. 아니다. 쉬쉬해서 그렇지 대기업들의 피해 사례도 심심히 않게 들린다. $5000m^2$가 넘는 규모의 사업장의 인테리어를 거의 다 하고, 심지어 직원도 20여 명을 채용했다. 그런데 건물의 인허가가 나지 않으니 오픈할 수 없었다. 어쩌겠는가. 인테리어 비용과 인건비를 계속 집행해가면서 기다릴 수밖에 없는 것이다.

1년 이상 오픈이 지연되니 5억여 원의 추가 비용과 기간이 늘어나니 추가 인테리어 비용이 10억 원, 총 15억 원의 손실이 발생했다. 다행히 오픈하고 대박이 나서 그렇지 손실은 막대했다. 물론 개발상(한국에선 보통 건물주와 협의하지만 중국은 대부분 지역 개발에 바탕을 둔 대형 프로젝트 위주이기 때문에 사업 주체를 개발상developer이라 부른다) 구조가 그렇긴 하다. 개발상이 할 건물인허가는 확정되지 않았는데, 그랜드 오픈을 맞추기 위해 먼저 작업을 시작하라고 한다. 개발상은 하루에 몇 억의 이자를 납부한다. 구조적으로 공격적인 오픈 일자를 가져갈 수밖에 없다. 당연히 믿으면 안 된다. 평균 3~6개월은 일정이 지연이 된다. 하루 이자가 몇 억인데, 당연히 공격적일 수밖에 없다.

이런 때에는 대부분이 잘 알아보지 않은 자신 탓을 하지 않고 '중국이 그렇지 뭐'라고 하면서 그냥 뭉뚱그려 중국 탓을 한다. 도대체 실체가 없는 중국이 무엇을 잘못할 수 있겠는가. 당시 본사에 보고할 때는 정부 혹은 인허가 문제라고 보고했으나 이건 회사 내 관리 소홀 때문이라고 보는 게 맞다고 본다. 불가항력이었다고 생각하는가. 어려운 건 맞으나 불가항력은 아니었다. 물론 그만큼의 내공이 쌓이려면 몇 년간(3~10년)의 경험들과 일부 수업료는 지불할 수밖에 없지 않을까 한다.

그 회사는 다행히 한 번의 경험 후 방법을 찾았다. 개발상은 구조적으로 조기 오픈한다고 거짓말을 할 수밖에 없으니, 회사가 직접 개발상의 전체 공사 현황을 체크하는 방안으로 말이다. 개발상이 정부로부터 토지사용허가권을 받았는지, 골조는 얼마나 올렸는지, 소방1차는 언제 준비가 완료되는지 등을 일일이 체크했다. 계약상 소방1차가 완료된 후에야 회사는 공사를 시작해야 하는 것이지만 슈퍼 갑인 개발상의 선공사 요청을 묵살할 수도 없다. 소방1차 예상일을 근거로 다시 우리 공사 일정을 연산해 진행했다. 다행히 동일한 실수는 다시 발생하지 않았다. 소 잃고 외양간 고쳤기에 한 번의 수업료만 납부할 수 있었다.

상하이 지역별
법인 설립 혜택

다음에 설명하는 조건이 반드시 지켜지는 것은 아니다. 초상국 내부 문건이 자주 바뀌므로 아래 사항은 참고만 하고, 실제 협의를 진행하며 확인해야 한다.

- 징안취静安区: 자본금 최소 100만$ 이상, 연간 세수 120만 위안 이상, 납부한 세금의 5% ~ 10%
- 푸퉈취普陀区: 자본금 최소 100만$ 이상, 연간 세수 60만 위안 이상, 납부한 세금의 5% ~ 10%
- 총밍다오崇明岛: 연간 세수 별도 기준 없음, 납부한 세금의 7% ~ 15% (단 개발구园区 기준)
- 펑쉔취奉贤区: 연간 세수 별도 기준 없음, 납부한 세금의 7% ~ 15%(단 개발구园区 기준)
- 푸동신취浦东新区: 연간 세수 최소 100만 위안 이상. 납부한 세금의 5% ~ 10%
- 민항취闵行区: 컨설팅만 보조금 가능. 자본금 200만$ 이상, 연간 세수 100만 위안 이상
- 상하이자유무역구自贸区: 보조금 없음.

사실 점점 자본금보다는 실질적인 세수를 더 신경 쓰는 분위기로 옮겨가고 있다. 자본금은 과거의 유물이다. 자본금은 책정만 해두고 실제 납부는 영업 기간인 30년 내에만 해도 되기 때문이다.

> **사례** 보조금 수취 계산 방법(2016년 5월 1일 증치세 개혁 후 기준)
> A기업이 시(구)정부 수취 금액의 30% 보조금 지급으로 협의되었을 때, 단 개인소득세는 50%
>
> 기업소득세, 중앙 : 성정부 : 시(구)정부 = 60% : 20% : 20%
> 증치세, 중앙 : 성정부 : 시(구)정부 = 50% : 20% : 10%
> 지방세, 중앙 : 성정부 : 시(구)정부 = 0% : 35% : 65%
> 개인소득세, 중앙 : 성정부 : 시(구)정부 = 60% : 18% : 22%
>
> 기업소득세: 20% × 30% = 6%, 즉 납부세금의 6% 보조금 수취
> 증치세: 30% × 30% = 9%, 즉 납부세금의 9% 보조금 수취
> 지방세: 65% × 30% = 19.5%, 즉 납부세금의 19.5% 보조금 수취
> 개인소득세: 22% × 50% = 11%, 즉 납부세금의 11% 보조금 수취

알고 나면 간단한데 수식이 있어 복잡해 보일 수 있다. 책을 보시고, 더 자세히 알고 싶으시면 별도로 필자에게 연락 바란다. 추가 설명해 드리도록 하겠다.

※ 위 비율 관련 사항은 지역별로 다를 수도 있고, 투자촉진국과의 협의에 따라 얼마든지 달라질 수 있으니 이점 참고하시길 바란다.

2

돈 벌면서 시작하는 중국 법인 설립

제목 때문에 오해할지도 모르겠다. 누구나 어느 기업이나 돈을 벌면서 시작하는 법인 설립은 아니다. 단, 확인해서 전혀 손해 볼 게 없다. 아니 당연히 확인해야 한다. 정부보조금 수취하는 방안을 찾으면 적게는 3년, 많게는 10년간 보조금을 수취하며 법인을 운영할 수 있기 때문이다.

01 | 창업 국가로 가는 중국

몇 년간 한국 정부의 정책 중 하나가 '창조경제'다. 말은 해놓았는데, 창조할 게 뭐가 있겠는가? '창업'으로 말을 슬쩍 바꾸었다(한 강의에서 나온 이야기다). 뭔가 일을 하긴 해야 하니 각종 보조금 정책을 내놓았다. 역시 생색내기 좋고 가장 쉬운 게 돈 쓰는 것이다.

각종 정책으로 마련된 무료 창업자금을 타내려는 창업자들이 있고, 이를 중간에 컨설팅 업체들이 도와주고 있다. 특히 중국 진출이면 더 쉽다고 해서 '중국'이란 타이틀을 걸고 너도나도 자금을 타내려고 혈안이다.

중국도 물론 비슷한 개념이 있다. 근데 정작 중요한 건 그게 아니다. 더 중요한 부분은 중국은 지금 창업을 쉽게 하는 인프라를 만들고 있다. 창업 아이템과 열정만 있으면 창업할 수 있는 구조를 만들고 있는 것이다.

벤처캐피탈 VC, venture capital 과 관련된 이야기는 뒤에서 다룰 예정이니, 지금은 법인 설립에만 집중하겠다. 누구나 법인 설립을 쉽게 할 수 있도록 법인 설립 절차를 간소화했다. '3증합일 3证合一(실제로는 5

증합일 5证合-, 지금은 다중합일 多证合-)'라고 하여 세 가지 증서(영업허가서, 세무등기증, 조직기구대마증)를 한 장의 영업허가서 营业执照로 통합한 것이다. 2~3주 이상 걸리던 영업허가서 발행 기간이 5~7일로 단축되었다. 또한 자본금의 0.08%에 달하는 등록비를 면제하고 설립자금 부담을 덜어주기 위해 사업별 최소 자본금 조건을 폐지했고, 자본금 납입 기간 관련 규정 또한 폐지되었다. 그리고 젊은 창업자들이 일할 수 있는 사무실을 지원해주고 있다. 즉 인프라를 만들어주고 있는 것이다. 이런 게 진정한 지원이라 생각하지 않는가? 말만 번지르르하고 돈만 쓰는 그런 고민 없는 지원이 아니다. 그건 그렇고 이런 환경에서 우리와 같은 외국계 법인들은 어떤 것들을 활용할 수 있을까?

이런 정책들이 외국계 법인을 위한 것은 아니다. 내국법인들을 위한 정책을 취하다 보니, 동일한 정책 혜택을 외국계 법인들도 활용할 수 있게 된 것이다. 외국계 법인이 진출할 수 없는 산업은 여전히 진출할 수 없다. 다시 말해, 자국 인민들의 정신세계에 영향을 주는 혹은 자국보호를 위한 금지, 제한 산업을 제외하고는 점점 평등해져 가고 있는 환경이기도 하다(65~67쪽 Special point 참고).

외국계 법인들의 혜택도 동일하다.

- 법인 설립 절차 간소화로 설립 일정 단축 및 대리 비용 감소
- 최소 납입자본금 폐지로 낮은 자본금으로 설립 가능(컨설팅 업종은 25만 달러 → 3만 달러 혹은 그 이하로도 가능)
- 자본금 납입 시기 규정 폐지로 보통 3개월 내 20%, 2년 내 100% 자본금 납입했으나 지금은 영업 기간 즉 보통 30년 안에만 자본금을 납입하면 된다.

벌써 잘 활용하는 업체들도 있다. 일성무역유한회사(가명), 법인 설립을 하고 1년간 자본금을 1원도 납입하지 않았다. 30년 안에만 납부하면 되기 때문이다. 그리고는 무역 법인을 다른 도시로 이전하려는데, 중국은 도시 이전이 쉽지 않다. 세무 입장에선 청산과 다를 바 없다. 그래서 청산을 진행한다. 돈이 없으므로 청산보고서, 청산대리 비용만 납입하면 된다. 제대로 된 영업을 하질 않았으니 청산 시 이슈가 되는 세금폭탄을 낼 사항도 없을 것이고, 벌금을 내려해도 회사에 돈이 없으므로 낼 수도 없다. 과거 기준으로 보면, 청산 후 납입한 자본금 돌려받으려면 청산 시작 후 8~12개월은 걸려야 겨우 자본금을 돌려받았을 텐데 말이다. 이분은 아쉽게도 제대로 사업을 시작하진 않았지만 제대로 된 자본금 납입 규정 활용으로 더 큰 손실 및 자금 회전이 막히는 큰 불편함은 막은 것이다.

'돈 버는 법인 설립이라 해놓고 돈 버는 이야기는 언제 나오는 거야?'라는 마음이 급한 분들이 있을지도 모르겠다. 기본 사항은 있어야 하겠기에 먼저 현황 설명은 드렸고, 이제 돈 버는 법인 설립 이야기를 해보겠다. 기본 설명은 다 드렸으니 한 말씀으로 요약하면, 돈 버는 법인 설립은 지방정부가 키우는 산업 혹은 낙후된 지역 지방정부가 지역 경제 활성화를 위해 법인 설립을 유치하는 두 가지 경우가 있다.

첫째 장려 산업이다. 예를 들면, 현재 중국 정부가 인민(국민)들의 문화 수준 향상 및 육성을 목적으로 문화산업을 키우고 있으며, 동일 산업에 통큰 지원을 하고 있다. 그 예로 문화산업의 대표격인 극장 법인 한 개당 1억~3억 5000만 원 정도의 보조금을 법인 설립 다음 해에 주기도 한다.

　문화산업을 운영하는 오성문화산업유한공사(가명)라는 한 한국 업체는 문화산업 관련해서만 2015년 약 18억 원 정도의 보조금(문화기금 환급 70억 원 제외)을 받았다. 이건 산업별로 특이사항이니 일부분만 해당될 것이다. 그래도 국가가 주도하는 경제체제다보니 키우는 산업은 생각보다 보조금이 많다. 외국계 업체들은 많이 놓치는 부분이니 업체를 활용하든 직접 챙기든 잘 챙겨야 한다. 사업 초기에 (2010년) 중국 내국 법인만 혹은 합자까지만 준다는 이야기들이 있어 우려가 많았으나 결론은 차별은 없었다. 인민들의 문화 수준을 향상시키는 기업이면 내자, 외자 구분 없이 혜택을 준다.

　이와 관련하여 실질적인 사업성을 생각해보자. 3성급에 문화산업의 사례로 극장하나 설립하면 보통 40억이지만 일부는 리스로 돌리는 등 자금을 절감할 수 있는 방안들을 찾으면 투자비는 20억 정도면 가능하다. 앞서 말한 20억 정도로 가정한다면 총투자비의 25%를 정부에서 실질적인 조건 없이 지원해주는 것이다. 기업의 목적이 그룹의 진출 발판 등 다른 목적이 아니라 이윤 추구라면 어느 지역에서 사업을 해야 할지 사업성 검토부터 다시 진행해야 할 것이다.

　둘째, 지역정부 보조금이다. 이것은 산업 위주가 아니라 지역 발전 즉 발전이 더딘 지역의 세수 확보를 위해서 지급하는 보조금이다. 일정 조건에 해당이 되면 누구나 받을 수 있다. 사실 말이 보조금이지 납부한 세금(법인세, 부가세, 개인소득세) 중 일부를 재정국에서 취합한 다음 돌려주는 세수우대정책 성격이다. 근데 연말결산 후 다음 연도에 돌려주기 때문에 보조금이라 부른다. 예로 컨설팅 법인의 경우

연간 10억 매출에 전체 영업이익률 20%라고 가정했을 때, 보조금 지급율에 따라 다르겠지만 매년 800 ~ 1500만 원 보조금 수취가 가능하다. 단 무역 법인은 세수에 대해 중앙정부에서 가져가는 비율이 많아 지역 정부에서 돌려주는 금액은 훨씬 적다(38~39쪽 Special point에 보조금 수취 계산 방법 참고).

지역정부 보조금의 경우 이미 발전된 지역에는 해당 사항이 적다. 예를 들면, 상하이나 베이징의 대도시 보다는 중소도시에, 그리고 사람이 많은 번화가보다는 사람이 적은 교외 지역에 지역정부 보조금이 더 활성화되어 있다. 이 같이 법인 설립을 유도하며 보조금 혜택을 주는 것이다. 무료로 임대도 해준다. 다음 장에 별도 언급하겠지만 한국의 법인 설립 가상주소지 서비스도 가능하다. 그럼 이제 중국 진출하는 업체가 처음으로 만나는 보조금 취득의 첫 단계로 들어가자. 정부 관계자인, 초상국에 대해서 먼저 알아본다.

02 | 한국에는 없는 중국의 초상국은 어떤 곳인가?

필자가 중국에 온 지 3년 차되던 해이자, 상하이에서 경력직으로 회사에 입사했을 당시의 이야기다. 상하이시 ○○구 초상국 区招商局, qū Zhāoshāngjú 이란 곳에서 부주임 副主任, fùzhǔrèn 과 담당자가 찾아왔다. 그냥 인사차 방문한 것이라고 했다. 기업을 운영하면서 정부에 요청할 사항이 없는지, 불편한 사항이 없는지 물으러 왔다고 했다. 필자가 중국에 오기 전에 들었던 수많은 조언과는 상반된 것이었다. 조언에 의하면 중국 공무원들은 비합리적이고 고압적이며 뇌물만 밝혀야 했는데 그렇지 않았다.

물론 나중에 알게 되었다. 초상국이란 부서는 일반 정부 부서와는 다르다는 것을. 이 부서는 해당 지역 지방 정부의 세수를 증대시킬 수 있게 내자든 외자든 가리지 않고 기업을 유치해주는 부서라는 걸 말이다. 그러니 서비스 마인드가 충만할 수밖에 없었다. 그리고 상하이가 다른 도시에 비해 외국인에게 개방적이라 좀 더 친절했을 수도 있겠다.

필자가 회사에 입사했을 때는 이미 법인 설립 완료된 지 두 달 후였다. 당시 중국인 담당자가 지원 부서 전체를 총괄하는 나보고 같이 초상국 사람을 만나면 좋겠다고 했다. 이 중국인은 말이 담당자이지 업계 30년 경력으로 우리로 따지자면 재무팀장급인데, 당시 법인대표와의 인맥이 있어 온 분이었다. 필자는 이때 만남의 중요성을 몰랐고 당시에 매일 야근을 하고 있었던 상황이라 직접 만날 여유가 없다 생각해 완곡히 거절했다.

중국인 담당자는 혼자 몇 차례 미팅하더니 시정부가 아닌 구정부의 20% 수준(영업세기준 납부세금의 20%, 법인세기준 납부세금의 4%)의 세수우대를 받아왔다. 이 중국인 담당자가 아니었으면 받지 못했을 보조금이었다. 이 당시 회사는 컨설팅 규모가 작아 초상국의 관심의 대상도 아니었고, 추후에도 컨설팅 법인의 규모가 그렇게 커질 줄 몰랐다. 이런 우대정책이 있는 줄 몰랐다는 게 맞는 말이다. 이 일을 계기로 초상국을 인지하기 시작했고 중시하기 시작했다. 지역 초상국과 교류하며 우린 세 가지 큰 것을 얻었다.

법인 설립 비용 절감

초상국과 교류하며 연간 약 1억 4천만 원에 달하는 법인 설립 대행 비용을 절감하게 되었다. 누적 법인 설립 개수 기준으로 9억 원, 직원 월급을 제외해도 7억 원이 넘는다. 초상국과의 미팅을 중시하는 것이 당연할 수밖에. 분기별로 한 번씩 찾아오는 초상국 부주임과 종종 미팅을 하던 어느 날, 저녁식사 초대를 받아 함께 초상국의 부주임 및 주임과 함께 식사를 하게 되었다. 서로 술을 권하고 덕담을 나누던 중, 우연히 직급이 가장 낮지만 경력은 35년이 넘는 담당자와 잠시 이야기를 나누게 되었다. 그와 당시 필자의 관심의 중심이었던 법인 설립에 관한 이야기를 했다. 그 담당자는 일본 기업이 도무지 이해가 안 된다고 했다.

일정 규모가 되는 회사가 초상국에 찾아오면 법인 설립도 대부분 대행해주는데 일본 기업은 중국 정부 혹은 다른 국가의 컨설팅 업체를 믿지 않고 꼭 일본계 컨설팅 업체에 법인 설립 대행을 맡긴다고 했다. 비용도 타 회사 대비 2~3배 비싼 3만~5만 위안을 내는 데도 말이다. 그럼 일본계 컨설팅 회사는 의뢰 회사에서 사료를 받아서 자기네 초상국에게 전달한다고 했다. 그리고 그 컨설팅 업체는 제대로 된 일은 하지 않고 자료 전달만 하면서 평균 4만 위안의 수수료를 챙긴다고 말이다.

그 당시 필자가 다녔던 회사 현황은 법인 설립은 연간 3~4개 수준이지만 매년 두 배씩 증가되어 2년 후에는 20여 개 이상 법인 설립이 예상되던 시기였다. 기존에도 자체 진행을 검토하고 있었으나 적극적으로 하지 못하고 있었다. 법인 설립을 자체로 진행하지 못했던 이유는 비용 절감 효과가 없기 때문이었다. 중국 땅이 넓다 보니 상하이에서 다른 지역으로 출장을 다닐 때면 한국보다 먼 거리를 비행기로 2~3시간씩 이동했다. 즉 상하이가 아닌 지역의 법인 설립을 어떻게 진행하느냐가 문제였다. 출장을 8~10차례 가게 되면 직원 인건비는 고사하고 대행 수수료 수준인 5만 위안(900만 원)을 출장비로만 쓰게 되는 것이었다. 그렇게 되면 굳이 우리가 자체적으로 법인 설립할 이유가 없었다.

그러나 초상국 담당자 이야기를 듣고 보니, 우리가 할 필요가 없이 각 지역의 초상국을 활용하면 되는 것이었다. 그 덕분에 자체 법인 설립 계획을 구체화하게 되었다. 바로 담당자 한 명을 채용하고, 그 직원에게 초상국과 미팅하여 초상국이 법인 설립 지원을 할 수 있도록 했다. 그 결과, 기존에 법인당 5만 위안의 법인 설립 대행 수수료를 지불하던 것을 절감하고, 법인 설립 일정도 앞당길 수 있게 되었다.

일정이 앞당겨지는 것 또한 당연했다. 정부 내 부서는 다르지만 동일한 정부 관계자가 처리하는 게 빠르겠는가? 아니면 컨설팅 회사가 진행하는 게 빠르겠는가? 당연히 같은 지역구에 있는 공무원 동료(해당 지역 초상국)들이 진행하는 게 빠르다. 또한 컨설팅 회사처럼 돈을 뜯어내려고 질질 끌지도 않을뿐더러 늦장 대응을 하지도 않는다. 앞서 진행했던 2~3개 법인 설립은 무려 5~6개월이나 소요되었다. 중국 담당자를 별도로 두고, 초상국이 실질 법인 설립을 진행하는 지금 2~3개월 소요되는 것에 비하면 2분의 1로 단축된 것이다. 또한 컨설팅 회사 중에서 극장 합자의 경험을 가지고 있는 업체가 드물었다. 당시 그런 경험 있는 업체를 선정할 시간과 능력이 부족했다는 게 맞지 않을까한다.

특히 비용은 법인당 5만 위안(900만 원) 연간 20개면 연간 비용이 1억 8000만 원이다. 여기에 자체 인력 1명 채용 및 출장진행비를 포함한다 해도 연간 1억 4000만 원 수준이다. 게다가 큰 덤으로 해당 지역에 문화산업 보조금 혹은 재정보조금 소식도 알려준다. 큰 규정에는 있지만 지방정부별로 달리 적용되는 터라 본사에서 하나하나 파악하기 힘든 보조금이다. 알면 받지만, 모른다고 알아서 챙겨주지 않는 보조금말이다. 비용 절감, 법인 설립 시간 단축, 다른 관련 보조금 정보 취득 일석삼조였다.

정부보조금 취득

초상국과 교류하며 2년간 11억 원의 정부보조금을 취득하게 되었다. 2011년에 투자지주사(투자성회사)를 설립하려고 했지만 뜻대로 되지 않았다. 전 세계 4대 회계·세무 컨설팅 회사에 성공보수(불확실성이 컸기 때문에)로 진행했지만 실패하고 말았다.

처음에는 40% 징도의 가능성이 있다고 보고 싱하이싱무국, 베이징싱무국 등과 미팅을 했다. 겉으로 보기에는 애매한 규정이었는데 사실 중국 당국 측은 내부적으로 불가 방침이었다는 것을 여러 부서와 미팅하면서 4개월을 보낸 후에야 알게 되었다. 전문가인 세계 4대 회계·세무 컨설팅 회사도 잘 될 것이라 생각해 성공보수로 진행할 정도였으니, 당시 우리들이 몰랐다는 건 한편 당연하지 않았을까 생각한다.

투자지주사 설립 실패 후 상무국 및 초상국의 조언으로 추후 관리성 회사를 설립하게 되었다. 관리성 회사는 직접적인 지분 관계는 없지만 관계사를 관리해주는 말 그대로 지역 본사의 개념이었다. 우린 당시 구조상 최소한 관리성 회사라도 가져가야 했고, 당시 상무국에서도 관련 보조금이 있으니 관리성 회사로 가도 나쁘지 않다고 했다. 관리성 회사는 급하진 않아 1년여 후 설립했다. 설립을 함과 동시에 지역 초상국을 통해 상무국, 재정국과 미팅을 하고 각종 보조금을 받게 되었다. 고위관리직 생활보조금, 인테리어보조금, 임차보조금 명목으로 약 3억 5000만 원, 영업세, VAT 등 세금 납부한 금액에 대한 보조금 등으로 약 7억 5000만 원, 2년간 총 11억 원의 보조금을 받았다. 그리고 추가 협의를 해서 향후 20억 원 이상 추가 수취도 할 수 있는 상황이다.

초상국과의 미팅이 중요한 이유는 초상국과 협의한 후 대부분의 보조금을 받을 수 있기 때문이다. 요건이 충족된다고 보조금을 당연히 받는 게 아니다.

중국에서 사업하는 외자기업 지원

초상국과의 교류를 통해 외자기업으로 중국에서 사업하면서 어려운 부분을 지원받았다. 외국계 기업이 중국에서 사업하기 어려운 점 중 하나는 중국 회사 혹은 중국인들과 이해관계가 얽혔을 때, 대체로 우리 편이 없다는 점이다.

사업장 시공을 해준 시공사와 추가 비용에 대한 문제가 발생했다. 쉽게 이야기하면 추가 공사에 대한 돈을 더 달라는 것이다. 원래 중국 시공사는 반드시 비용 확정 후 추가 시공을 진행한다. 그런데 필자의 회사는 비용보다는 오픈 속도에 관심이 더 많아 선 처리 후 정산하기로 했다. 즉 회사에서 시공사에 돈을 더 벌수 있는 기회를 제공한 셈이다. 시공사는 상식적인 비용보다 더 많이 달라고 요구했고 당연히 회사는 이를 거부했다. 그 시공 업체에서는 실질적으로 공사를 진행한 농민공들에게 일부러 월급을 주지 않고 그들에게 고객사(당시 필자가 다녔던 회사)에서 돈을 받지 못했다고 했다고 한다. 그 회사로 가야 돈을 받을 수 있다는 말을 들은 농민공들은 회사로 쳐들어왔다. 회사가 농민공들 천지가 되었고, 직원들은 며칠간 근무를 하지 못할 정도였다. 회사는 돈보다는 잘못된 선례를 만들지 않기 위해 버텼다. 당시 회사 내 담당 팀장의 고생이 이만저만이 아니었다.

보통은 지역 정부·공안국도 농민공은 골치 아픈 사항이라 관여하지 않는다. 이때 며칠간의 대치 끝에 초상국을 통해 공안국(경찰서) 소개받고, 공안국 지원으로 해결은 되었다. 외국계라 만만하게 보고 처리했던 시공사도 초상국, 공안국 등 정부 부처가 지원하니 상당히 놀란 듯 했다. 그 업체는 그동안 외자투자법인과의 추가 시공에 대한 단가 협상에서 이러한 방법으로 유리한 고지를 점하는 전술을 펼쳤던 것이나. 몰라서 협상을 한 것이 아니라 정리가 된 다음에 테이블에 앉았기 때문에 협상에서도 나름 합리적인 비용 협의를 마칠 수 있었다.

지금도 지역 초상국과 종종 식사도 하며 좋은 관계를 유지하며 잘 지내고 있다. 중국에서 사업하시는 분들은 처음 만나는 정부 관계자인 초상국과 서로 윈윈하며 잘 지내기를 바란다. 참! 중국을 경험한 분들 중에 일부는 초상국 정부 관계자들이 사기꾼들이니 믿지 말라고 하시는 분들이 있다. 뭐든지 된다고 했는데 막상 인허가 내어주는 정부기관에서는 허가해주지 않는다고 말이다. 알아두어야 할 게 있다. 초상국은 인허가 당사자가 아니다. 기업을 지원하는 곳이지 인허가를 내주는 사람들이 아니다. 마트에 가서 음식을 만들어주지 않는다고 성질내는 것과 다를 바 없다. 잘못된 번지수에 물어본 것을 가지고 남을 탓하지 말자. 다시 말하지만 판단능력 문제다.

03 | 어느 지역에 법인 설립을 해야 진행이 원활하고 혜택이 많을까?

처음 중국에 진출하는 회사에서 '사무실을 어디에 얻는 것이 좋을까요?'라고 묻는 경우가 많다. 좀 더 진척이 된 회사들은 자신들이 이미 조사한 사항에 따라 더 구체적으로 '평방미터당 4위안 이하, 100평방미터로 알아봐주세요'라는 식으로 확인을 요청한다.

  법인 설립을 위해 사무실을 찾을 때, 사전 알아봐야 하는 사항들을 알아본다.

  첫째, 먼저 회사 현황을 다시 확인해야 한다. 중국에 진출하자마자 고객들이 밀려들지 않는다. 당장 사무실을 덜컥 잡는 것보다 무엇을 해야 할지 방향 설정을 재검토해야 한다. 대기업이나 당장 계약이 되어서 작업을 해야 하는 회사들은 당연히 투자하고, 사무실을 잡고, 인력 채용을 먼저 진행해도 된다. 그런데 우리는 지금 돈 버는 혹은 돈 낭비하지 않는 법인 설립을 이야기하고 있다. 질문을 바꾸어야 한다. 법인 설립·사업은 지금부터 진행하지만 실질적인 사무실은 언제부터 필요한지 말이다.

  둘째, 다시 한 번 처음부터 질문을 바꾸어야 한다. '사무실을 어디에 얻을까?'가 아니라 '어느 지역에 법인 설립을 해야 법인 설립이 원활하고 혜택이 많을까?'로 말이다. 예를 들어, 상하이는 업종별로 구별로 법인 설립에 대한 혜택이 있다. 우리가 법인 설립하는 업종은 어느 지역에 설립해야 지원을 많이 받을 수 있는지 그리고 혜택이 많은지를 확인하는 것이다. 그중에 사무실을 설립할 곳을 정하면 된다.

예를 들면 코리아타운이 있는 민항구 교외에서는 무역에 대한 것은 쉽지 않고 컨설팅에 대해서만 20~30%, 즉 납부한 세금 중 상하이시에서 수취하는 부분에 대해(cf. 법인세에 대해서는 8% ~ 12%) 다음 년도에 보조금으로 되돌려준다. 펑셴난차오, 충밍청차오, 푸동린강 지역은 무역, 컨설팅 모두 보조금 혜택이 가능하다. 물론 조건은 있다. 교외 지역을 주소로 두고, 10만 ~ 100만 달러(약 1억 1000만 ~ 11억 원)의 자본금이 되어야 한다. 사실 쉽지 않은 투자 금액이다. 도입부에서 시진핑·리커창 정부가 들어서면서 창업 인프라 확대와 관련한 정부 정책이 주요하게 변화되었다고 언급했다. 2년 내에 자본금의 100%를 납입하던 과거와 달리 지금은 자본금을 영업 기간인 30년 안에만 내면 된다. 즉 실질적인 자본금 납입에 대한 시기 문제가 없기 때문에 이런 혜택에 대한 향유도 가능하다. 자본금 설정만 해두고 29년간 납부하지 않으면 된다. 돈을 벌어 납부하면 된다. 실패하면 청산하면 되고 말이다.

언제까지 이런 정책이 지속될지는 알 수 없다. 시간이 지날수록 점점 혜택은 줄 것이고, 현재 시점에서 우리는 중국의 정부 정책을 활용해 혜택을 향유할 수 있으면 된다. 일부 걱정이 있을 수도 있다. 상하이 교외 지역이면 고객과 미팅하기 쉽지 않고, 직원 채용이 어려울 수 있다. 이건 다음 절 중국의 가상오피스 관련 사항으로 가서 확인해보자.

04 | 한국의 가상오피스 사업, 중국에는 왜 없을까?

한국은 몇 년 전부터 사무실 모임 임대사업, 소규모 기업을 위한 오피스 사업, 법인 설립 가상주소지 제공 서비스 사업이 넘쳐나고 있다. 그러나 중국에선 아직 법인 설립 가상주소지 서비스를 제공한다는 소식은 듣지 못한 것 같다. 혹은 아직 대중화되지 않은 것이다. 이유는 두 가지다.

첫째, 법적인 제도가 명확하게 정리되지 않았다. 일부 인터넷 기업들은 주소지 없이도 받았다는 소식들이 들리긴 하나 일반화되진 않았다. 아직 주소지 기반이고, 그 기반으로 법인 설립을 진행한다.

둘째, 지방정부 산하기관인 초상국에서 그 업무를 진행하는데 외국계 회사들은 많이들 알지 못한다.

그것도 무상으로 아니 정확하게는 정부에서 보조금을 받으면서 기업들을 유치한다. 여기서 보조금을 수취 받는 업체는 두 곳이다. 하나는 초상국에 협력 중인 로컬 컨설팅 회사로 기업을 유치하면 보조금을 받는다. 다른 한 곳은 실제 법인을 설립하는 기업 당사자다. 그 기업은 납부한 세금에 대해 일정 부분을 돌려받는 형태로 보조금을 받는다. 일석삼조. 경제 발전을 위해 세수가 필요한 교외 지역 정부, 초상국에 협력하는 컨설팅 회사(정부가 설립하는 컨설팅 회사도 있다)와 기업. 이렇게 윈윈윈이 되는 것이다.

중국에도 한국처럼 가상주소지 서비스는 있다. 그 서비스를 제공하는 곳이 정부 혹은 정부 관련된 곳이고, 무료(관리비는 받는다)로 제공해준다는 점이 다르다. 주소지가 많이 남지 않았을 경우에는 일부 유료로도 진행하기도 한다. 추후 한국처럼 법인 설립 주소지 제공 서비스 사업 관련 사설 기관이 생길 수도 있으나 그건 정부 소유의 교외 지역의 주소지를 모두 쓴 다음이 되지 않을까 한다. 현재 많은 중국의 중소기업들이 가상주소지를 사용하여 법인을 설립하고 보조금을 취득하고 있다. 잘 모르는 외국계 기업, 외국인들만 혜택을 못 받고 있음이 아쉬울 따름이다.

그럼 이런 질문이 있을 수 있다. 법인 설립 가상주소 서비스를 활용하게 될 때, 공상국, 세무국에서는 문제제기를 하지 않느냐고 말이다. 중국과 한국은 다르다. 중국은 한국과 달리 주소지 제공 서비스를 정부가 한다. 정부의 한 부처에서 정부의 허가를 받아 주소지 제공 서비스를 해주고 있다. 해당 지역의 구청장 혹은 시장이 허락한 사항을 그 하부조직인 구 세무소에서 문제 제기를 한다는 것은 있을 수가 없다.

다만 한 가지 문제는 있다. 법인 설립 진행한 지역은 문제가 없다. 법인은 없는데 세금은 납부하기 때문이다. 사무실도 없는데 나(해당 지역 정부)에게 세금을 내니 문제제기를 하는 게 아니라 오히려 감사한 상황이다. 세금문제는 법인 설립은 하지 않았는데, 사무실이 있는 지역이다. 강남구에 법인 설립 해두고 마포구에 실제 사무실이 있는 경우 강남구는 감사할 따름이지만 마포구청에서는 실질 인프라는 사용하면서 세금은 내지 않는 꼴이다. 지방자치 성격이 강하고 해당 세금으로 정부자금을 운영하는 중국에서는 당연히 인정할 수 없는 상황이다. 지방정부끼리 서로 유치 경쟁도 하는 상황에서 사무실이 있는데, 세금을 내지 않다니, 당연히 문제가 될 수 있다. 이때 기업에서 선택할 수 있는 방법은 세 가지다.

첫째, 사무실은 있지만 제대로 회사명판을 걸어놓지 않고 근무를 하던가(재택근무 혹은 사무실 없는 1인기업도 가능), 필자도 창업 후 1년 조금 못되는 기간 동안 여기저기 카페를 전전하며 사무실 삼아 일을 하기도 했다. 사업 초기 직원도 없고 매출도 없는데 굳이 비용을 낭비할 필요가 없었기 때문이다. 물론 1인기업이 아닌 조직이 있는 기업은 당연히 사무실을 유지하는 것이 유리하다. 둘째는 일정 규모가 되는 업체면 거주하는 사무실의 개발상을 통해서 공상·세무국과 선협의를 요청하는 것이다. 사무실은 있으나 추가 법인 설립 없이 거주할 수 있도록 말이다. 이건 일정 규모가 되는 법인만 가능할 것이다. 그것도 일정 기간까지만 가능할 것이다. 마지막 세 번째는 분공사(한국의 지점 개념보다 확장 개념으로, 법인세만 납부하지 않지 거의 법인 성격으로 보아야 한다)를 설립하는 것이다. 그럼 기업소득세(법인세)는 합산 납부를 하더라도 지방세는 해당 구에서 납부해야 한다. 합산 납부를 하더라도 법인이 있는 구와 분공사가 있는 구끼리는 자산, 매출, 직원으로 배분한다.

즉 법인 본사와 분공사간 세무국끼리 세금을 나누어 갖는 규정이 따로 있어, 나누어 갖는다. 당연히 실무상 첫 번째 방안을 추천한다. 이 책의 목적도 중소기업을 위한 법인 설립, 회계, 세무이므로 큰 규모가 아니면 굳이 분공사까지 설립할 필요는 없다. 조직기구 하나 추가는 그만큼 관리 비용이 들기 때문이다.

05 | 자유무역구에 법인을 설립해볼까?

비단 무역 법인만의 이야기가 아니다. 근래 어느 법인 설립 컨설팅 업체를 가든 많은 업체들이 자유무역구에 법인을 설립하라고 권한다. 물론 의미가 전혀 없는 것은 아니지만 말이다. 상하이자유무역구는 위안화 국제화 및 정부의 행정체제 개편 등을 위한 개혁, 개방의 실험을 목적으로 2013년 10월에 설립되었다. 법인세율 인하 무산(25%→15%), 외국계 기업에 제한, 금지 산업에 대한 실질적인 개방이 진행되지 않아 지금은 유명무실하게 남아 있다. 물론 원대한 꿈이 있으니 추후 재진행의 여지는 있다.

그러면 현재 자유무역구에 법인 설립을 하는 장점은 무엇일까?

혹시 내가 모르는 다른 사항이 있을까 하여 다섯 개 로컬 업체를 만나보았다.(큰 업체 한 곳, 중견기업 두 곳, 소기업 한 곳, 초상국 한 곳) 일단 내용은 대부분 일치했다.

> 첫째, 극히 일부에 대한 법인 설립 제한 완화
> > 예를 들면, 광고 법인의 경우 외국 본사의 광고 매출 비율이 50% 이상 법인 설립이 가능한데, 자유무역구에서는 외국개인도 법인 설립 진행이 가능하다. 하지만 2019년, 법인은 물론 외국인 개인 투자자에게도 광고업이 추가 가능하도록 바뀌었다.
>
> 둘째, 법인 설립 편리성
> 셋째, 외자계 법인 설립 자료 중 자금증명자료 면제, 사실 별거 아니다.
> 넷째, 일부 송금의 편리성

참고로 로컬업체를 만나야 한다. 나도 비록 한국인이지만 한국 법은 한국 사람이 잘 알듯이 중국법은 중국 사람이 잘 안다. 한국 사장이 데리고 있는 중국인 직원이 있지 않으냐고 할 수 있다. 하지만 능력이 되는 직원을 채용하기는 어렵다. '왜' 두 번이면 대답을 못 하는 사람이 대부분이다. 능력이 되는 직원을 채용할 수 있는 안목도 문제고, 그런 직원을 고임금으로 채용할 생각이 있느냐도 문제다. 그렇지 못한 경우가 대부분이다.

다시 돌아와서, 다섯 개 중 초상국과 큰 업체 하나를 제외한 세 개 업체의 의견이 일치했다. 외자계일 경우 자유무역구에 법인 설립을 하는 게 좋다 한다. 여기에 법인 설립하는 게 유리하다며 적극 추천한다. 위의 네 가지가 장점 말고 다른 무엇이 있냐고 물으면 없다고 한다. 외국계 법인이 사업을 할 수 없는데 자유무역구에서 가능하다면 검토해 보겠지만, 그게 아니면 무슨 의미가 있는지 모르겠다 하니 대답을 제대로 하지는 못한다. 그중 두 업체에는 솔직하게 이야기했다. 나도 컨설팅 업체 설립 중이고, 오히려 일부 업무는 당신네 회사에 아웃소싱을 줄 수도 있다고 했더니 말이 조금 바뀐다. 그럼 너도 다른 업체에게 자유무역구를 추천하라고 한다. 왜 그러냐 했더니 그게 돈이 된다고 한다. 그래서 이 책을 읽는 독자는 최소한 컨설팅 업체에 조언을 구하되 판단할 수 있는 능력은 스스로 가지고 있어야 한다. '왜'라고 질문할 수 있어야 한다. '왜'에 대답하지 못하는 컨설팅은 컨설팅이 아니다. 그리고 자유무역구는 예상하셨듯이 관련 비용이 비싸다. 법인 설립 주소지 서비스가 교외는 무료, 주소지가 많이 남지 않은 일부 지역은 1회에 5천위안 ~ 1만위안(한화 약 85만원~170만원)을 받는 지역도 있으나 자유무역구는 주소지 제공 서비스가 연간 1만 ~ 2만 위안

(약 170만~340만 원)을 받는다. 일시불이 아니라 매년이다.

게다가 자유무역구는 내가 앞에서 줄기차게 강조해온 돈버는 법인 설립 항목이 없다. 즉 정부보조금이 없다. 그럼에도 불구하고 아래 두 가지 사항에 해당하는 업체들은 자유무역구로 가도 된다.

첫째, 중국 타 지역에서 법인 설립이 어려운데, 자유무역구는 법인 설립이 가능한 경우다. 근데 앞서 말씀드렸듯 사례가 없다. 혹시 가능하다고 하면, 사례를 보여달라 해야 한다. 이건 두 번 세 번 확인해야 한다. 물어보는 업체마다 답이 다르니 특히 유의하시기 바란다. ICP 허가증도 된다고 하나 실제로 허가해준 사례가 거의 없다. 상하이 푸동 자유무역구 옆 구의 초상국 주임이 말하길 허가 사례가 한 번도 없다고 한다. 자유무역구 초상국에 가면 ICP허가증이 된다고 할 수도 있을 것이나 사후에 욕해도 소용없다. 심지어 한국계 대형법무법인도 된다고 했지만, 안 되는 건 안 된다. 왜냐하면 규정에 언급되어 있다고 반드시 실행되지는 않기 때문이다. 그래서 실제 실행이 되었는지 여부를 반드시 확인해야 한다.

둘째, 그것을 일주일 내로 앞당겨야 할 특별한 사정이 있을 경우다. 별도의 인허가 사항이 있지 않다면 보통 법인 설립은 1개월이다. 매년 300~400만 원의 임대료를 지불하고서라도 그 일주일 앞당기는 게 비용보다 더 큰 효과가 있다면 말이다.

06 | 세계 최대 시장 중국, 나도 진출해볼까?

중국은 세계 최대 시장이다. 전 세계 100대 기업이 모두 진출해 있는 유일한 국가다. 기업이든 개인이든 경쟁이 치열해서 쉽지 않다. 이 책의 주제에 맞게 작성해야 하니 초기 세팅, 법인 설립, 거래 구조에 맞춰서만 써본다. 그리고 여기서는 필자가 모르는 마케팅 분야 이야기는 하지 않겠다.

필자는 6년 전 한 회사에 첫 출근을 했다. 회사에는 이미 중국 진출 전략 관련된 보고서가 있었다. 전 세계적으로 인지도가 있고 가장 규모가 크다는 네 개 컨설팅 업체 중 한 곳에서 만든 것이었다. 한국에 있는 컨설팅 업체는 중국의 지사에게 자료조사를 맡겼고, 한국에서 출장을 나간 한국인 컨설턴트가 주관해서 만든 보고서였다. 한국과 동일하게 1개 법인이 100여 개 지점을 세우고, 홍콩에 상장하는 구조로 되어 있었다.

그런데 출근하고 3개월 지나고 보니, 불가능한 구조임이 드러났다. 큰 컨설팅 업체가 아니라 인허가 내어주는 정부기관에 문의만 했어도 알 수 있는 사실인데, 틀린 자료를 가지고 수십 장의 보고서로 어렵게 작성한 것이었다. 게다가 중국의 비교대상은 한국이 아니다. 땅이 큰 미국의 구조를 참고해야 한다. 그런데 미국 연구 자료가 하나도 없었다. 땅이 작은 나라와 큰 나라는 관리 구조부터 모든 것이 다를 수밖에 없는데 말이다. 의미 없는 보고서 수십 장에 3억 원 날렸다.

다른 업체도 참고할 만한 사항이 있을 수 있으니 관련 보고서의 문제점 몇 가지만 추가 정리해본다.

첫째, 해당 법인의 인허가를 성省정부, 시市정부 혹은 구区정부 중 누가 해주느냐에 따라 지점 설치가 가능하다. 즉 인천에서 인허가를 내어주는데, 법인은 서울에 있다. 그럼 해당 지역에 다시 법인 설립을 하지 않는 한 인허가를 해주지 않는 경우가 많다. 해당 인허가는 성급이다. 그럼 성급에 최소한 법인이 한 개는 있어야 한단 이야기다. 법인은 하나인데 중국 전역에 100개 지점을 낸다는 건 말도 안 되는 이야기다. 물론 예외는 있다. 투자 규모가 작아 아예 관심의 대상이 되지 않던지 흔히 말하는 꽌시가 있던지 말이다.

둘째, 홍콩에 상장을 한다? 이건 다른 이야기인데, 자회사 지분을 과반이 아닌 49% 지분을 가지고 상장한다고? 당연히 안 된다. 경영권이 없는 회사를 누가 인수하겠는가? 경영권이 있어도 경영권 분쟁이 예상되는 합자회사는 당연히 매력이 없다.

셋째, 중국에 투자지주사를 설립한다? 제한 산업은 투자지주사 설립이 안 된다. 대형 컨설팅 회사에서 법 규정이 모호한 부분이 없지 않지만 시도할 만 하다고 하여 성공보수로 1년간 추진했으나 실패했다. 상하이시 상무위원회 부주임, 베이징시 상무위원회 부주임, 베이징초상국 등 정부 관련 부서 미팅을 진행한 결과였다. 추후 풀릴 가능성이 있다고는 하나 현재는 미정이다. 성공보수로 추진하지 않았으면 1억 원 이상의 비용이 발생했을 건이었다. 대형컨설팅 회사는 성공보수 개념은 사용하지 않으나 컨설팅 회사 입장에선 자신이 있었고, 회사 입장에선 안전하게 진행하고자 하는 의도로 성공보수로 하자고 협상해서 진행했던 사항이다.

넷째, 주요 인력은 어디에 두는 것이 좋을까? 본사(중국 사업 총본사)에? 지역 본사(각 자회사를 관리하는 중간지주회사, 중국에선 성 본사 정도)에? 개별사업 단위(각 자회사)에 처음부터 본사의 별도 관리 인력이 있었던 것은 아니다. 각 사업단위별로 영업, 마케팅, 인사, 회계를 별도로 진행했다. 그러다 보니 본사에서는 각 지점이 어떻게 돌아가는지를 현장 인력보다 알지 못해 관리가 안 된다. 또한 같은 회사로 보기 어려운 개별적인 업무 처리가 진행이 되었다. 즉 본사에서 업무를 모르니 업무표준화를 하지 못했다. 한 회사라는 색깔이 없는 것이다. 그렇다고 역량이 되지 않는데, 본사에 인력을 두기도 어렵고, 본사 인력을 두면 본사가 비대해져 보이니, 지역 본사 개념을 두고 지역 본사에 업무를 주었다. 타 경쟁사들은 반대로 본사 권한 강화를 진행한다. 어떤 게 좋다는 답은 없다. 다만 일관된 정책이 없이 우왕좌왕했다는 게 더 큰 문제이지 싶다. 한 방향을 정해서 갔으면 최소한 그 방안이 아니라고 판단되었을 때 다른 방안으로 진행해서 시행착오를 줄일 수 있었을 텐데 말이다.

보고용으로 진출 전략을 만들었지 실제 무엇을 어떻게 할지가 없었던 것이다. 현재 잘나가고 있는 업체도 그러하다. 보고용이 아닌 실질에 바탕을 둔 실행 전략이 없었고, 본사와 각 자회사 간에 역할 분담이 명확하지 않았다. 본사 집중 업무 처리를 하거나, 본사는 전략과 정책을 담당하고 실행은 지점에서 하거나, 본사는 전략과 정책을 담당하고 실행은 지역 본사가 하는 방안이 잘못되어서가 아니라 그 방안이 없이 우왕좌왕한 것이 문제였던 것이다. 물론 필자도 일조를 했다면 했으므로 할 말은 없다. 어떤 구조로 어떻게 사업할지 방향을 정하고, 그게 베타테스트를 통하여 지속적으로 작은 전략들을 수정해나가며 완성했다면 좋았지 않았을까 하는 반성이 남았다. 대가로 적지 않은 수업료를 지불했다.

07 | 한국 중국통들의 조언, 왜 막상 중국에 가면 다를까?

중국 진출을 하고자 하는 사람들은 중국통들의 조언을 많이 받는다. 그러나 막상 중국에 가면 왜 조언과 다를까? 간단히 말해 중국통이 아니기 때문이다. 중국통은 없다. 지금은 중국을 아는 사람이 너무 많다. 아니 안다고 하는 사람이 많다. 장님 코끼리 만지는 격으로 해놓고 코끼리를 본 척한다.

공자는 "아는 것을 안다고 하고 모르는 것을 모른다고 하는 것이 곧 아는 것(지혜)이다"라고 말했다. 그런데 이를 실행하는 사람은 참 적다. 그러니 정보의 혼란만 가중된다. 마찬가지로 필자도 아는 것보다 많이 이 책에 쓸 수도 있다. 만약 그런 점이 보인다면 지적해주시면 감사하겠다.

중국은 땅이 넓고 지역별 자체 규정이 있다. 또한 중앙의 법이 제정이 되면 자체 규정을 따로 만들고 확인하는 서류를 가감하기도 하면서 각 지방정부에서 시행령을 만든다. 전체 규정은 있으나 큰 틀에 벗어나지 않으면 지역색을 가미해도 좋다는 뜻이다. 큰 틀은 다르지 않되, 적용 시 약간의 변화가 있을 뿐이다. 그런데 지역별로 규정이 다르다고 오해해서는 안 된다. 물론 그 약간의 변화로 골머리 썩기도 하지만 말이다.

필자가 법인 설립에 관련된 예를 들어보겠다. 중국의 인허가 규정 혹은 제출자료들을 보면 항상 마지막에 "지역에서 요구하는 별도 서류"라는 문구가 있다. 정부는 잘못한 것이 하나도 없다. 오히려 규정상으로 보면 우리나라보다 완벽하다. 인허가 등 진행할 때 해당 지역 정부에 확인을 안 한 회사 혹은 업체 잘못이다.

외자기업을 설립할 때, 상무국 비준批准을 받기 위해 제출하는 서류가 있다. 제출서류 중 하나가 '법인대표, 이사董事, 감사監事'의 신분증 복사본·원본을 요청한다. 중국에서 가장 기업 친화적이고, 정리가 가장 잘 되어 있다는 상하이도 지역별도 차이가 있긴 하다. 규정은 그렇지만 법인대표 신분증만 원본이면, 동사(이사)·감사는 복사본으로 대체 가능한 지역이 있고, 반드시 법인대표, 동사, 감사까지 원본 대조해야 하는 곳, 원본 대조를 하긴 하나 대신 초상국 원본 대조로 넘어가는 곳 등이 있다. 그럼 기본 제출서류를 다 정리해놓고, 지역별로 더하기, 빼기를 하는 작업이 필요하다. 사전 확인이 안 되면 동일한 업무로 여러 차례 방문해야 한다. 예외 사항을 사전에 협의하는 것도 가능하다. 법인 설립이 많고 출장이 잦은 법인대표는 공증으로 대신할 수도 있다. 단, 정부 관계자들이 이를 미리 이야기해주지 않는다. 따라서 정부 담당자의 조언을 구해야 하는데 관건은 정부 담당자의 업무 경험이 많고 이해도가 높아야 한다. 그게 아니라면 미리 우리 쪽에서 아이디어를 제안해야 한다. 그렇지 않으면 작은 것 하나로 고민이 많아지고 시간이 낭비되기도 한다.

Special Point

중국에서 가능한 사업과 불가한 사업

중국에선 2~5년에 한번 '외상투자 산업 지도 목록'이라는 걸 발표한다. 가장 최근 자료는 2019년에 나온 자료다. 1995년 6월에 최초로 시행된 이후 총 9번 수정되었다.(1997년, 2002년, 2004년, 2007년, 2011년, 2015년, 2017년, 2018년, 2019년)

  '외상투자 산업 지도 목록'의 진정한 취지를 알고 나서 중국이 부러웠다. 10년, 20년 계획을 가지고, 정부에서 키우는 산업을 뒷받침해주고 있다. 외국 기업에 러브콜을 하여 키울 것인지, 들어오긴 하되 지분 제한을 해서 자국 기업에 기술을 이전할 시간을 마련하든지 혹은 외국 기업이 아예 못 들어오게 해서 시간을 벌 것인지 등 말이다.

  심플해졌다. 네거티브리스트로 제한과 금지산업을 통합했다. 그러나 개념은 기존과 동일하다. 언급이 되지 않은 산업, 즉 네거티브리스트에 없는 것은 외자기업 진출 가능한 산업이라고 보시면 된다.

  아래에 항목별로 정리해보았다.

ⓐ 외상투자 산업 장려 목록

친환경 재료, 유기농 야채, 보건식품 개발과 생산, 친환경 인쇄잉크, 천연향료, 합성향료, 고성능 페인트, 청결제, 에이즈백신, 피임백신, 태양에너지 에어컨 및 난방 시스템, 일반 상품의 공동배송, 농산품과 특수 약품 신선도 유지 저온 배송 등 물류 및 관련 기술서비스, 국제경제, 과학기술, 친환경, 물류정보 자문 서비스, 재무결산/HR/SW 등 정보기술과 서비스 프로그램 외주 서비스, 사물인터넷 기술 개발과 응용, 공업설계, 건축설계, 의류디자인 등 창의적 산업.

ⓑ 외상투자 제한 업종

농작물 종자개발 생산, 석유의 탐사 및 개발, 신에너지자동차 제조를 제외한 완성차 생산, 선물, 생명보험회사(단 2021년도 한함, 이후 규제철폐), 유아교육기구, 고등교육기구, 의료기구 외

ⓒ 외상투자 금지 업종

우편회사, 국내 택배 업무, 궐련 등 연초 제품의 도소매, 인터넷 뉴스 정보, 출판 서비스, 중국 법률 사무 자문, 사회리서치, 의무교육기구, 종교교육기구, 도서, 신문, 잡지, 정기간행물의 편집·출판·제작 업무, 방송 프로그램 제작 경영, 영화 제작 및 배급, 문예 공연단체 외

ⓓ 외상투자 가능 업종

위의 ⓐ ~ ⓒ 에서 언급하지 않은 모든 산업이 외상투자 가능 업종이다.

　더 자세한 사항이나 애매한 사항들은 전문가와 상담을 해야겠지만 위의 사항을 정리해보면, 중국 정부에서 키우고 싶지만, 아직 외국에 비해 부족하다고 인식하는 부분은 장려산업으로 둔다. 결론은 글로벌 법인으로부터 역량을 받아 중국 자체 역량 내재화가 목적이다. 글로벌 기업들은 시장을 확보하고 투자를 통한 수익은 낼 수 있다. 윈윈이니 손해볼 건

없으나 알고는 들어가야 한다. 중국 기업이 노하우를 다 배워가는 시기를 예상한 전략을 짜야 할 것이다.

참고로 내가 금지 업종을 이해하는 방법은 이렇다. 당의 정권유지에 반하는 것들과 자국 산업 보호 두 가지다. 즉 콘텐츠, 출판, 언론, 방송제작 등 인민들의 정신에 유해한 것들은 금지 산업이라고 보면 되지 않을까 한다.

그리고 위 사항들을 보면, 현대차가 왜 베이징의 업체와 합자를 할 수밖에 없었는지, 메가박스, 롯데, CGV 극장 업체도 50% 미만의 지분으로 중국에서 사업할 수밖에 없었는지, SK 주유소 사업도 마찬가지다.

반면, 장려산업인 재무결산 ERP 시스템을 구축한 한 업체는 총 투자비 120억 원을 들이긴 했지만 50% 추가 비용 인정으로 25%의 법인세를 절세했다. 약 15억 원가량의 법인세를 절감(=120억 원 × 50% × 25%)한 셈이다.

또한 '외상투자자 산업 지도 목록' 규정을 조율하는 중간에 영화관 건설과 경영은 제한업종에서 빠지는 것으로 2015년부터 2018년까지 지속적으로 이야기가 나왔다. 로컬 극장업체의 로비 때문인지 다른 문제 때문인지 최종본에는 항상 제한업종으로 되어 있었다. 그러다 2019년에 드디어 영화관 건설과 경영이 제한업종에서 빠졌다. 즉 네거티브리스트에서 제외되어 앞으로는 외상독자법인도 독자적으로 극장사업을 할 수 있게 된 것이다.

어떤 업종의 외상투자 금지, 제한, 가능에 대한 사항을 보다 자세히 알고 싶으시면 이 책의 부록에 있는 네거티브리스트(외상투자산업지도목록 2019년판)을 보시면 된다.

1
외투법인은 중국 진출할 때 무엇을 준비하나?

중소기업 주재원으로 중국에 근무한 지 2년 반이 되던 해 개인 사정으로 상하이로 이직하게 되었다. 이직한 회사의 법인장님의 강력한 추천으로 《차이나 CEO》란 책을 읽었다. 글로벌 기업들의 CEO들을 면담하며 중국 사업을 어떻게 해야 성공할 수 있는지, 어떠한 인재가 중국에 와야 하는지, 중국 인재들은 어떻게 관리해야 하는지, 파트너나 글로벌 본사와 어떻게 소통해야 하는지 등. 중국에서 일하며 발생하는 대부분의 일을 잘 정리한 책이 아닐까 한다. 당시 같이 근무하던 한국인 직원 세 명은 모두 이 책을 읽고 감탄하며 끝없이 고개를 끄덕였다. 이 책을 2~3년 전에 읽었더라면 더 좋았을 것이라는 생각을 했던 것 같다. 외국 사람이든 한국 사람이든 당시 중국에서 고생했던 것은 비슷했으리라.

《차이나 CEO》에는 이런 내용이 있었다. '중국에 파견할 인력은 최고의 능력이 있는 인재를 보내야 한다. 그리고 오픈 마인드로 임해야 한다. 그럼에도 능력의 50%조차 발휘하기 힘든 시장이다. 그래서 가장 유능한 인재를 보내야만 한다.'

중국 진출은 그렇게 호락호락하지 않다. 장기간의 시장조사, 최고의 인재 파견, 진출 방법과 법인 구조에 대한 선 고민, 인력 채용에 대한 고민, 업무분장을 어떻게 하고, 채용해야 할 업무와 외주로 처리할 업무에 대한 고민이 있어야 한다. 그리고 이에 대해 선 확정을 한 후에 중국에 진출해야 한다. 그리고 파견된 법인장의 재량 및 본사와 협의를 걸쳐 끝없는 A→A´의 조직 구조, 법인 구조를 만들어나간다. 이렇게 많이 준비했음에도 많은 기업이 눈물을 머금고 철수를 하는 게 현실이다.

01 | 외투법인의 중국 진출 전 준비 사항

한국법인과 외투법인의 차이점을 확인하고자 간단히 정리해본다. 한국 기업을 제외한 일반 외투 기업들의 법인 설립, 투자 구조, 재무 관련 사항에 초점을 맞추어 언급해보고자 한다.

> ① 시장조사를 대부분 직접 하지 않고 의뢰한다. 해당 도시에 먼저 진출한 신뢰할 수 있는 투자자와 같은 국가의 컨설팅 회사에 의뢰한다.
> ② 외국투자법인이 중국 진출 가능한 산업지도 목록을 검토(금지 산업, 제한 산업이 아닌지 등)하고 법인을 설립하여 진출하기 유리한 지역을 선정한다.
> ③ 중국 지사로 보낼 사람을 선정하고 교육을 시킨다.
> ④ 투자 구조, 법인 구조 및 인력 계획을 작성한다.
> ⑤ 기 안배된 법인대표급 혹은 상황에 따라 팀장급을 선파견하여 법인 설립 진행하고, 인력 채용을 진행한다.
> ⑥ 초상국이라는 정부 부처가 있다는 것을 아는 기업은 미팅을 하지만 아직 많이 알려져 있지 않아 컨설팅 회사에 의뢰하여 업무를 처리한다. 컨설팅 회사는 굳이 초상국이라는 정부 기관을 소개시켜 주지는 않는다. 본인들 업무 범위가 줄기 때문이다.
> ⑦ 규모에 따라 인사 업무, 재무 업무 각각을 아웃소싱을 할 것인지, 직접할 것인지를 결정한다. 보통 진출 초기에 인사 업무는 아웃소싱을 많이 한다. 재무는 규모에 따라 다르다.

대부분이 그러하나 특히 한 글로벌 장비 업체는 절대 내부 중국 재무 인력에 회사의 중요한 의사결정에 필요한 사항에 대한 분석을 맡기지 않는다. 즉 세법이 변경되었을 때나 거래 구조가 변경되었을 때, 세금과 손익에 미치는 영향에 대한 분석을 내부 인력에 맡기지 않는다. 외부의 대형 회계 법인에 의뢰한다. 돈 몇 푼 아끼려고 내부 인력에 업무를 맡기지 않는단 이야기다. 위험성이 얼마나 큰 것인지 아는 것이다.

진출 전 관련 세무 문제 검토도 필수 사항이다. 한 번 세팅된 거래 구조를 나중에 바꾸게 되면 상당한 비용이 들어가기 때문이다.

02 | 법인 구조는 어떻게 구성했나?

법인 구조는 일반 중소기업보다 대기업이 관련이 많을 것이다. 사실 법인 구조는 어려운 부분이다. 법인 구조를 구성하려면 중국 투자 계획과 업종에 따라 해당 지역에 하나만 설립할 것인지, 한 지역에 법인 하나를 세우고 타 지역에는 모두 분공사(지점)로 할 것인지, 지역별로 법인을 세울 것인지 등 고려해야 할 사항이 많다. 여기에 거래 구조, 세금 문제가 발생하기 때문이다. 지금이야 2016년 5월 1일부로 증치세 개혁으로 영업세 항목이 없어져서 거래 구조가 간단해졌지만 과거에는 거래 구조에 따라 증치세 사업자, 영업세 사업자간 거래 구조에 따라 5% 영업 이익이 없어지는 경우가 비일비재했다. 과거에는 기래 구조를 짜는 게 가장 큰일 중 하나였으나 지금은 과거보다 중요도가 낮아졌다.

한 도시에만 진출해 법인 하나만 세운다면 여기서 언급할 것도 없이 간단하다. 그러나 중국 여러 도시에 진출하여 다수의 법인을 설립한다면 종합적인 검토가 필요하다. 1000km가 떨어진 거리를 어떻게 관리할 것인지, 거래 구조는 어떻게 할 것인지, 본사와 각 도시에 있는 법인들 간의 역할 분담을 어떻게 나눌 것인지 등 말이다. 이 책에서는 소기업 위한 목적이므로 이 정도로만 간단히 언급해보았다.

03 | 외투법인의 재무 관리

외투법인의 재무 관리는 진출 규모나 계획에 따라 다르다. 대규모 투자라면 조직을 갖추고 시작하나 서서히 사업을 한다면 업체의 수준에 맞는 회계사무소를 찾아 회계기장 업무와 세무신고를 함께 맡긴다. 사업 초기에는 일도 많지 않고 좋은 인력을 채용하는 것이 쉽지 않기 때문이다. 그러나 회사 내의 잡다한 업무 처리를 해야 하니 출납은 채용해야 한다. 다시 말해, 회계 한 명의 인건비 대신 외주 업체를 활용한다는 것이다. 매출이 늘어나면 영어가 가능한 인력 중에서 채용을 진행한다.

단, 위에서 잠깐 언급을 했듯이 연봉이 8000만~1억 원 이상인 능력 있는 재무팀장을 채용했더라도 세무 이슈는 철저히 빅4 컨설팅 업체인 PWC, KPMG, Deloitte, EY 회계 법인들과 계약을 맺고 업무 의뢰를 한다. 특이한 점은 쉬운 상식적인 것조차도 철저하게 회계 법인에 의뢰를 한다는 것이다. 한국인 입장에선 이해가 가지 않지만 비용보다는 철저하게 안정성을 추구하는 성향으로 보면 되지 않을까 한다.

또한 업무분장이 철저하다. 각 인원들이 할 일들에 대한 정의가 명확하다. 채용도 철저히 해당 업무에 대한 경험 위주로 면접을 진행하고 채용한다. 이렇게 한정된 업무를 하기 때문에 능력이 부족한 경우가 드물다.

04 | 아마존 중국 사업 인허가로 보는 VIE 모델 활용

사업적인 측면은 알지도 못할뿐더러 다 쓴다면 책 한 권으로도 충분한 분량이다. 여기선 철저히 법인 구조와 인허가에만 한정해 설명하겠다.

먼저 인터넷 콘텐츠 및 통신 관련업은 외국인의 투자가 불가하다. 도서출판, 전자 출판물의 출판업무, 네트워크 출판 서비스, 인터넷 문화 경영(음악 제외)은 외상투자 산업 지도 목록에서 금지 산업이기 때문이다(65~67쪽 Special Point나 이 책의 부록에 있는 '외상투자 산업 지도 목록' 원문 번역 참고). 즉 아마존은 중국에서 원칙적으로 제대로 된 사업을 할 수가 없다. 근데 이 규정이 엉뚱한 곳에서 문제가 된다. 왜냐하면 이러한 조항 때문에 중국의 인터넷 기업이 외국계 벤처캐피탈로부터 투자도 받을 수 없게 되고, 미국 등 증시에 상장하는 것 또한 불가능해졌다. 그래서 나온 게 계약통제모델VIE, Variable Interest Entity을 활용한 우회 지배구조이다. 최초는 2000년 중국 인터넷 포털 기업 시나닷컴Sina.com, 웨이보, 중국판 페이스북이다.

외국계가 중국에 진출하기 위함이 아니라 중국 법인이 외국에 상장을 위해서 만든 구조다. 이것이 역으로 외국 기업에 중국에 금지 산업에 진출하기 위한 툴로 활용하게 된 것이다.

일반적인 절차는 아래와 같다.

① 중국 국내에 100% 내자법인을 설립하여 ICP허가증을 받는다. 참고로 ICP허가증은 100% 중국 국내 법인만 받을 수 있다(물론 첫 단추가 가

장 어렵다. 신뢰할 수 있는 중국인 확보).
② 실질 투자자들이 해외에 외자기업 설립한다(과거 많은 기업들이 세금이 없는 케이먼 제도Cayman Islands 혹은 영국령 버진아일랜드British Virgin Islands에 세우기도 했다. 홍콩에도 많이 설립한다).
③ 실질 투자자들이 세운 외자기업이 중국에 법인을 설립한다(WOFE, Wholly Owned Foreign Enterprise).
④ ①의 내자 기업과 ③의 실질 지배력을 가진 기업 간 각종 불평등 계약을 통해 ③ 회사가 실질적인 지배권을 갖는다.

불평등 계약 내용은 다음과 같다.

- 내자법인은 앞의 ③의 외자기업으로부터 대출을 받고, 모든 발행 주식을 담보 제공한다.
- 외자기업 진출 금지조항이 풀리면 콜 옵션을 행사하여 내자법인 M&A를 가능하게 한다.
- 기술 계약으로 모든 수익을 가져간다.
- 내자법인의 주주들은 ③의 외자기업에 위임장 형식으로 주주로서의 모든 권리를 양도한다.

주주가 아닌 계약을 통해서 기업을 통제하므로 계약통제모델VIE이라 불린다.

다시 아마존으로 돌아가보자. 아마존의 계약통제모델 대상인 중국 기업을 공상국 자료로부터 확인해본다.

먼저 중국 아마존 홈페이지www.amazon.cn로 들어가보자.

홈페이지 하단을 보면 ICP허가증이 보인다. 외자법인은 ICP허가증을 취득할 수 없다. 즉 사업을 위해 내자법인으로 우회 투자한 것을 알 수 있다.

물론 진짜 아마존이 어디 있는지 확인하려면 더 조사해봐야 한다. 최종 투자자가 누구인지 말이다. 외자기업이 타오바오, 징동, 바이두 같은 포털을 운영하는 것은 금지되어 있다. 그런데 아마존은 외자기업이면서 중국 내자법인과 동일하게 사업을 운영하고 있다. 그것도 5000억 원 이상의 투자금으로 말이다. 한국 기업은 계약통제모델을 통한 투자는 리스크가 높다며 몇 십억 원조차도 겁내며 전혀 진입을 못하고 있는데 말이다.

위의 영업집조 번호로 회사 정보를 찾아보도록 하겠다. 전국 기업 신용정보 공시 시스템全国企业信用信息公示系统, gsxt.saic.gov.cn 사이트로 들어

가서 [北京베이징] 버튼을 눌러보자.

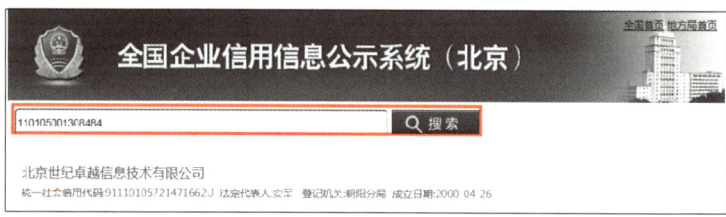

검색창에 영업집조번호를 입력하고 [搜索검색] 버튼을 누른다. 다시 나온 회사명을 클릭한다. 그럼 다음과 같이 기업 정보다 나온다.

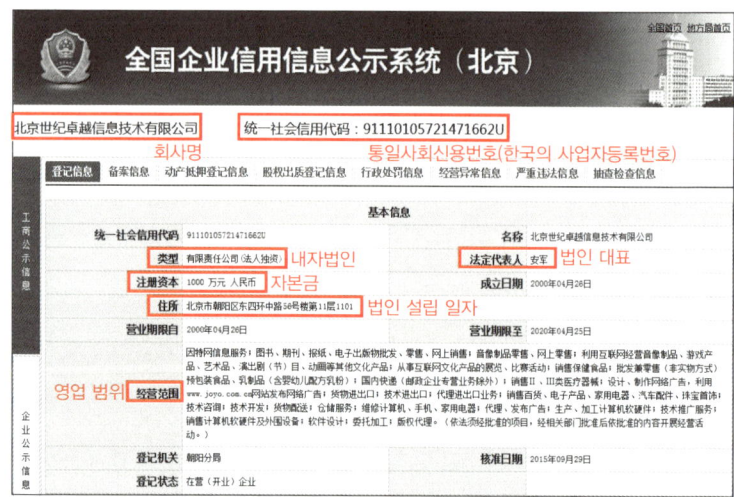

위 기업의 기업명칭, 사업자등록번호, 법인대표, 법인 설립 일자에 대한 정보가 나온다. 그리고 추가로 자본금은 1000만 위안, 영업 범위, 내자법인이라는 정보가 나온다.

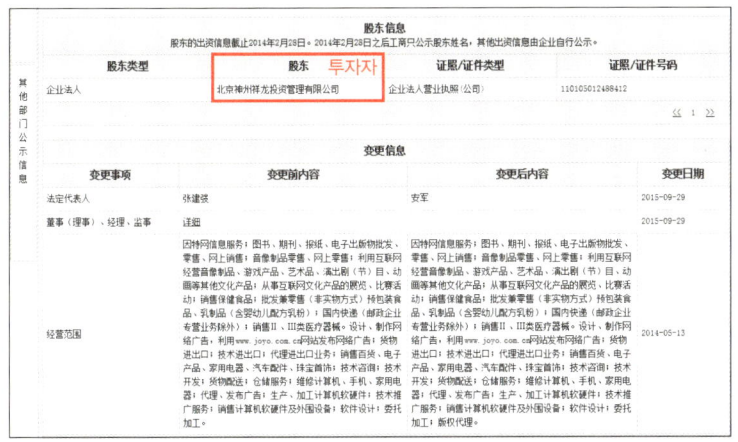

이어서 보면 투자자 정보도 함께 나와 있다. ICP허가증 있는 내자법인의 투자자가 누구인지 확인할 수 있다. 이 투자자도 추적해보겠다.

이 투자자는 외자법인인지 알았더니 또 다른 내자법인이다. '法人獨資내자법인'라는 표현으로 내자법인임을 알 수 있다. 대만, 홍콩, 마카오 투자일 경우에는 '台港澳法人独资대만, 홍콩, 마카오 법인 투자'라고 되어 있고, 외국법인에서 투자했을 경우에는 '外国法人独资외국법인 투자', 외국인 개인이 투자했을 경우에는 '外国自然人独资자연인 외국 투자'라고 나온다.

화면 왼쪽에서 네 번째 탭인 [股权出质登记信息주주출자등기정보]를 클릭하면 다음 화면이 나온다.

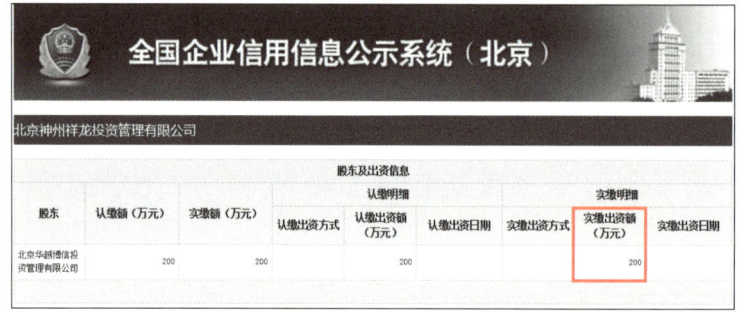

두 번째 내자 투자자에 대한 자본금 납입 현황을 확인할 수 있다. 200만 위안을 납부했다는 표시가 나온다.

계속해서 세 번째 내자법인도 추적해보았다. 두 번째 내자법인의 100% 지분을 가지고 있는 또 다른 내자법인이다.

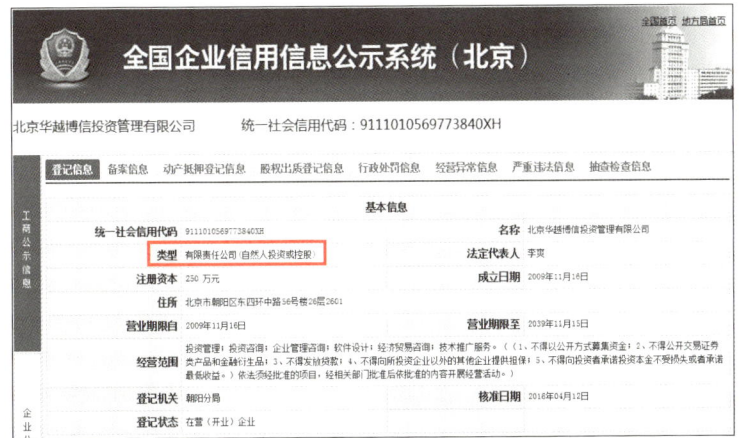

위를 보면 '自然人投资或控股_{자연인 투자자}'라는 유형이 나오는데, 외자법인인 경우 앞에 반드시 '外国_{외국}'이라는 두 글자가 추가된다. 예를 들어, '外国法人独资_{외국법인 투자}'라고 적힌 것은 외국법인회사가 투자한 중국 회사이고 '外国自然人独资_{외국 자연인 투자}'이라고 적혀 있는 것은 회사가 아니라 외국인 개인이 투자한 것을 말한다. 합자의 경우 '中外合资_{중외합작}'이라고 표기된다.

세 번째 내사법인의 투자자는 법인이 아니리 자연인_{自然人} 투자자로 되어 있다.

하단으로 스크롤을 내리면 '股东_{주주}'이라는 항목이 나온다.

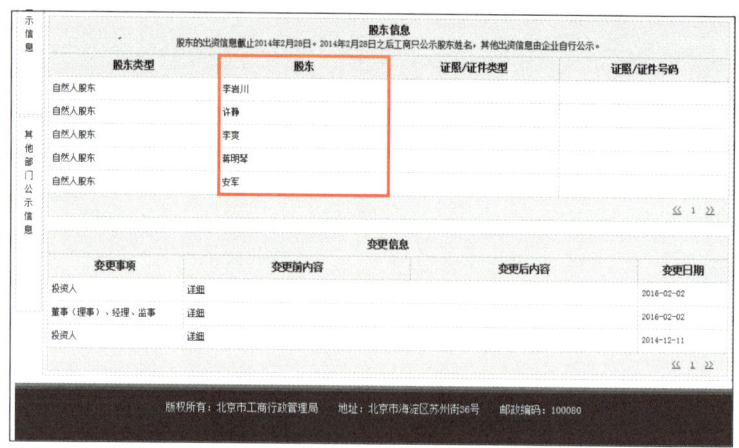

'股东주주'이라는 항목을 살펴보니 지분을 다섯 명이 나누어가지고 있다. 그럼 VIE 모델의 핵심이 나올 때가 되었다. 어딘가에 아마존 미국 법인이 대출을 해주었다는 부분이 있을 것이다. 계속 살펴보자.

화면 왼쪽에서 네 번째 탭인 [股权出质登记信息주주출자등기정보]를 클릭하면 다음 화면이 나온다.

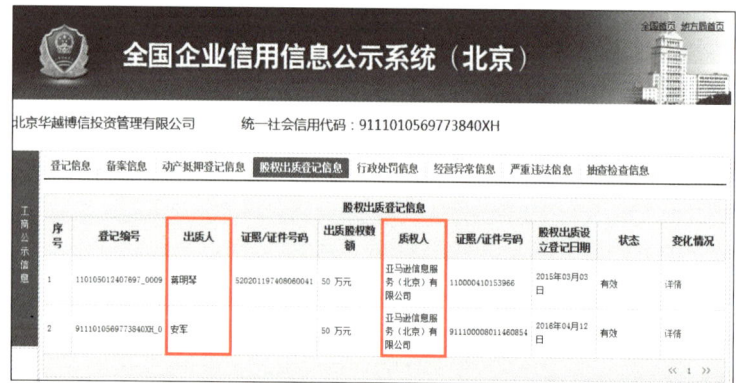

82 | PART II. 중국 진출, 용감한 한국인

드디어 자연인 투자자 5명 중 '蔣明琴'과 '安軍' 2명에 대해 지분담보 설정을 했다는 내용이 나온다. 담보 설정자는 '亚马逊信息服务(北京)有限公司'이다. 그럼 이 회사는 이 회사의 실질적인 주인인 미국 아마존 법인이 직접 투자한 외자법인일 것이다. 이 회사의 사업자등록번호를 전국 기업 신용정보 공시 시스템에서 다시 검색해보겠다.

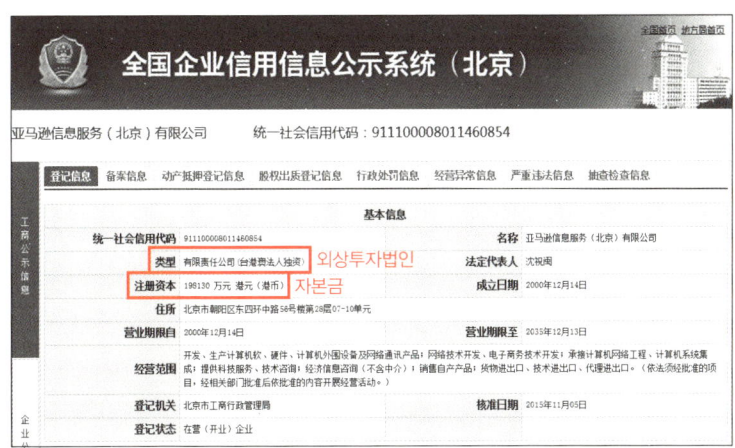

'有限责任公司(台港澳法人独资)' 드디어 외상투자 법인이 나왔다. 대만, 홍콩, 마카오에서 100% 투자한 회사라는 뜻이다. 자본금도 기존의 내자법인과 규모가 다르다. 기존 내자회사의 가장 큰 자본금은 1000만 위안(약 17억 원)인데, 이 외자회사 자본금은 198,130만 홍콩달러(170,391만 위안, 약 2900억 원)이다. 자본금이 차이가 나는 이유는 당연하다. 아무리 계약통제모델을 썼지만 내자회사의 자본금은 적으면 적을수록 좋다. 외자법인은 실질적인 주주와 법적보호가 되니 실제적으로 필요한 자본금을 납입을 했을 테고 말이다.

외투법인은 중국 진출할 때 무엇을 준비하나? | 83

스크롤을 내려 투자자를 찾아보자.

투자자는 '亚马逊(中国)投资有限公司 아마존 중국투자지주사'이다. 다음은 스크롤을 내린 다음, '投资人 투자자' 항목의 '详细 상세보기'를 클릭하면 보이는 화면입니다.

스크롤을 더 내려보니, 투자자가 바뀌었다. 기존 홍콩 법인에서 지분을 정리한 후 중국에 투자지주사를 세운 듯하다. 아래 투자지주사 설립연도를 보면 알 수 있지 않을까 한다.

네 번째 외상투자 법인인 '有限责任公司(台港澳法人独资)'의 사업자등록번호를 전국 기업 신용정보 공시 시스템에서 다시 검색해보겠다.

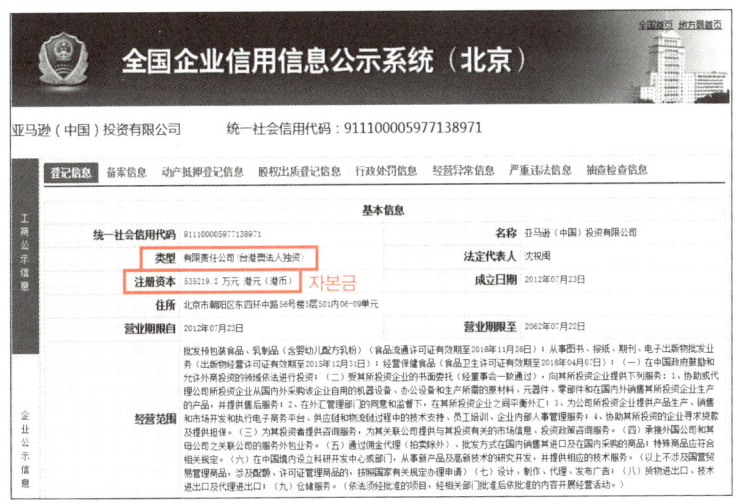

아마존 중국 법인의 최종 마지막 회사가 될 듯하다. 즉 아마존의 중국 내 투자지주사다. 자본금은 535,219.2만 홍콩달러로 우리 돈으로 약 8000억 원이다. 법인은 최초 법인이 2000년도 설립된 12년 후인 2012년도에 설립되었다. 재미있는 건 영업 기간이 50년이다.(일반 기업 최대는 30년)

투자자는 홍콩법인에서 100% 투자한 외상투자 법인이다. '台港澳法人独资대만, 홍콩, 마카오에서 투자한 법인'이라는 뜻이다. 스크롤을 내리면 다음의 화면이 나온다.

외투법인은 중국 진출할 때 무엇을 준비하나? | 85

'(香港)有限公司'라는 건 홍콩에 주소지를 둔 회사라는 의미이다. 한 회사밖에 언급이 되어 있지 않으니 한 회사가 100% 지분을 가지고 있다는 뜻이다. 스크롤을 더 내려서 살펴보자.

变更事项	变更前内容	变更后内容	变更日期
经营范围	(내용 생략)	(내용 생략)	2015-11-05
董事(理事)、经理、监事	证鉴		2015-08-13
法定代表人	张建波	沈祝阁	2015-04-03
董事(理事)、经理、监事	证鉴		2015-04-03
注册资本	225063.2万元	535219.2万元	2014-12-31

자본금은 2014년 12월 31일에 22억 홍콩 달러에서 53억 홍콩달러로 증자했다. 위의 표에서 '注册资本(자본금)'은 좌측 금액이 변경 전, 우측 금액이 변경 후 금액이다. 즉 22억 홍콩달러에서 53억 홍콩달러로 자본금 증액이 되었다.

지금까지 총 여섯 개 법인이 나왔다. 정리해보자.

北京世纪卓越信息技术有限公司 베이징세기쭈웨정보기술유한회사
(인터넷 몰을 운영하는 ICP허가증 있는 내자 회사)
⊂ 北京神州祥龙投资管理有限公司 베이징선저우샹롱투자관리유한회사
⊂ 北京华越博信投资管理有限公司 베이징화웨보신투자관리유한회사
⊂ 5명의 중국인이 투자함.
⊂ (지분 담보설정) 亚马逊信息服务(北京)有限公司 아마존정보서비스(베이징)유한회사
⊂ 亚马逊(中国)投资有限公司 아마존(중국)투자유한회사
⊂ 亚马逊(香港)有限公司 아마존(홍콩)유한회사

즉 지금까지 정리한 것과 반대로 설명하겠다.

- 아마존 홍콩이 아마존 중국에 100% 투자 지주사인 아마존(중국)투자유한회사를 설립를 설립
- 아마존(중국)투자유한회사가 아마존정보서비스(베이징)유한회사를 100% 지분투자하여 설립
- 아마존정보서비스(베이징)유한회사에서 중국인 중 일부에게 지분담보로 대여진행
- 5명의 중국인이 베이징화웨보신투자관리유한회사를 설립
- 베이징화웨보신투자관리 유한회사가 베이징선저우샹롱투자관리유한회사를 설립
- 베이징선저우샹롱투자관리 유한회사가 베이징세기쭈웨정보기술유한회사를 설립
- 베이징세기쭈웨정보기술 유한회사가 ICP허가증 취득

이상이 이해를 돕기 위해 위의 사진들을 역순으로 설명한 사항들이다. 필자가 ICP허가증을 취득한 업체부터 역으로 추적해보니, 아

마존 홍콩을 확인한 것이고 말이다.

중국에 있는 다섯 개 법인이 모두 동일 건물에 있다. 이는 실제적으로 아마존 하나의 회사이기 때문이다. 또한 재미있는 사실이 있다. ICP허가증을 가지고 있는 내자법인은 사실 아마존과 아무런 지분 관계가 없다. 그럼에도 불구하고 홈페이지에 버젓이 아마존 계열사라고 적혀 있다. 우회투자를 하긴 했지만 우회투자에 대해서도 정부의 실질적인 허가를 받은 것이다. 바이두 즈다오 百度知道, 네이버 지식인과 유사한 서비스에서도 '아마존은 외자법인인데 내자법인만 받는다는 ICP허가증을 어떻게 발급받았을까요?'라는 질문들이 지워져 있다. 영향력을 행사했음을 어렵지 않게 알 수 있지 않을까 한다. 국내에선 삼성의 부정적 신문기사, 뉴스 등이 다음날 지워지듯이 말이다. 금지산업을 운영하고 있는 아마존, 그것을 경제적인 관점이든 어찌되었든 허가를 내어준 정부당국자 모두 부담이 없진 않았으리라. 아래 투자 구조를 정리해보니 더 잘 드러난다. 자본금, 설립연도, 주소 등을 보면 더 쉽게 파악된다.

아마존 VIE 투자 구조

법인명칭	사업자등록번호	자본금(元)	법인설립일
北京世纪卓越信息技术有限公司	110105001308484	1000 万	2000年04月26日
北京神州祥龙投资管理有限公司	110105012488412	200 万	2009年12月15日
北京华越专信投资管理有限公司	110105012407697	250 万	2009年11月16日
亚马逊信息服务(北京)有限公司	110000410153966	198,130万元 港元(港币)	2000年12月14日
亚马逊(中国)投资有限公司	110000450212069	535,219.2万元 港元(港币)	2012年07月23日
亚马逊(香港)有限公司	967012		

법인명칭	투자자	유형
北京世纪卓越信息技术有限公司	北京神州祥龙投资管理有限公司	有限责任公司(法人独资)
北京神州祥龙投资管理有限公司	北京华越博信投资管理有限公司	有限责任公司(法人独资)
北京华越博信投资管理有限公司	李岩川,许静,李爽,蒋明琴,安军	有限责任公司(自然人投资或控股)
亚马逊信息服务(北京)有限公司	亚马逊(中国)投资有限公司	有限责任公司(台港澳法人独资)
亚马逊(中国)投资有限公司	AMAZON(HONGKONG) COMPANYLIMITED 亚马逊(香港)有限公司	有限责任公司(台港澳法人独资)
亚马逊(香港)有限公司		

법인명칭	변경일자	변경사항	변경전	변경후
北京世纪卓越信息技术有限公司	2015-09-29	법인대표	张建弢	安军
北京神州祥龙投资管理有限公司	2015-09-11	동사	张建弢	蒋明琴
北京华越博信投资管理有限公司	2016-02-02	투자자 감사	张建弢 张建弢	安军 蒋明琴
亚马逊信息服务(北京)有限公司	2014-12-26	동사	肖南华	薛小林
亚马逊(中国)投资有限公司	2015-08-13	동사	张建弢	蒋文
亚马逊(香港)有限公司	2015-04-03	법인대표	张建弢	沈祝闽

법인명칭	법인대표	총경리	동사장(이사장)
北京世纪卓越信息技术有限公司	安军	安军	安军
北京神州祥龙投资管理有限公司	李爽	李爽	李爽
北京华越博信投资管理有限公司	李爽	李爽	李爽
亚马逊信息服务(北京)有限公司	沈祝闽	沈祝闽	沈祝闽
亚马逊(中国)投资有限公司	沈祝闽	沈祝闽	沈祝闽
亚马逊(香港)有限公司			

법인명칭	동사1 (이사)	동사2 (이사)	동사3 (이사)	동사4 (이사)
北京世纪卓越信息技术有限公司	吴峻峰	许静		
北京神州祥龙投资管理有限公司	蒋明琴	许静		
北京华越博信投资管理有限公司	李岩川	许静		
亚马逊信息服务(北京)有限公司	薛小林	戴维·艾略特·斯蒂文森		
亚马逊(中国)投资有限公司	蒋文	吴峻峰	安军	薛小林
亚马逊(香港)有限公司				

법인명칭	감사	적요	주소
北京世纪卓越信息技术有限公司	李爽	영업범위추가: 版权代理°	北京市朝阳区 东四环中路56号楼第11层1101
北京神州祥龙投资管理有限公司	安军		北京市朝阳区 东四环中路56号楼第26层2601内2602室
北京华越博信投资管理有限公司	蒋明琴		北京市朝阳区 东四环中路56号楼26层2601
亚马逊信息服务(北京)有限公司	李爽		北京市朝阳区 东四环中路56号楼第28层07-10单元
亚马逊(中国)投资有限公司	蒋明琴	영업기간이50년~2062年07月22日	北京市朝阳区 东四环中路56号楼5层501内06-09单元
亚马逊(香港)有限公司			

법인명칭	영업 범위
北京世纪卓越信息技术有限公司	因特网信息服务；图书、期刊、报纸、电子出版物批发、零售、网上销售；音像制品零售、网上零售；利用互联网经营音像制品、游戏产品、艺术品、演出剧(节)目、动画等其他文化产品；从事互联网文化产品的展览、比赛活动；销售保健食品；批发兼零售(非实物方式)预包装食品、乳制品(含婴幼儿配方乳粉)；国内快递(邮政企业专营业务除外)；销售Ⅱ、Ⅲ类医疗器械；设计、制作网络广告，利用www.joyo.com.cn网站发布网络广告；货物进出口；技术进出口；代理进出口业务；销售百货、电子产品、家用电器、汽车配件、珠宝首饰；技术咨询；技术开发；货物配送；仓储服务；维修计算机、手机、家用电器；代理、发布广告；生产、加工计算机软硬件；技术推广服务；销售计算机软硬件及外围设备；软件设计；委托加工；版权代理。(依法须经批准的项目，经相关部门批准后依批准的内容开展经营活动。)
北京神州祥龙投资管理有限公司	投资管理；投资咨询；企业管理咨询；经济贸易咨询；技术咨询。("1、未经有关部门批准，不得以公开方式募集资金；2、不得公开开展证券类产品和金融衍生品交易活动；3、不得发放贷款；4、不得对所投资企业以外的其他企业提供担保；5、不得向投资者承诺投资本金不受损失或者承诺最低收益"；依法须经批准的项目，经相关部门批准后依批准的内容开展经营活动。)
北京华越博信投资管理有限公司	投资管理；投资咨询；企业管理咨询；软件设计；经济贸易咨询；技术推广服务。((1、不得以公开方式募集资金；2、不得公开交易证券类产品和金融衍生品；3、不得发放贷款；4、不得向所投资企业以外的其他企业提供担保；5、不得向投资者承诺投资本金不受损失或者承诺最低收益。)依法须经批准的项目，经相关部门批准后依批准的内容开展经营活动。
亚马逊信息服务(北京)有限公司	开发、生产计算机软、硬件、计算机外围设备及网络通讯产品；网络技术开发、电子商务技术开发；承接计算机网络工程、计算机系统集成；提供科技服务、技术咨询；经济信息咨询(不含中介)；销售自产产品；货物进出口、技术进出口、代理进出口。(依法须经批准的项目，经相关部门批准后依批准的内容开展经营活动。)

법인명칭	영업 범위
亚马逊(中国)投资有限公司	批发预包装食品、乳制品(含婴幼儿配方乳粉)(食品流通许可证有效期至2016年11月26日)；从事图书、报纸、期刊、电子出版物批发业务(出版物经营许可证有效期至2015年12月31日)；经营保健食品(食品卫生许可证有效期至2018年04月07日)；(一)在中国政府鼓励和允许外商投资的领域依法进行投资；(二)受其所投资企业的书面委托(经董事会一致通过)，向其所投资企业提供下列服务：1、协助或代理公司所投资企业从国内外采购该企业自用的机器设备、办公设备和生产所需的原材料、元器件、零部件和在国内外销售其所投资企业生产的产品，并提供售后服务；2、在外汇管理部门的同意和监督下，在其所投资企业之间平衡外汇；3、为公司所投资企业提供产品生产、销售和市场开发和执行电子商务平台、供应链和物流链过程中的技术支持、员工培训、企业内部人事管理服务；4、协助其所投资的企业寻求贷款及提供担保。(三)为其投资者提供咨询服务，为其关联公司提供与其投资有关的市场信息、投资政策咨询服务。(四)承接外国公司和其母公司之关联公司的服务外包业务。(五)通过佣金代理(拍卖除外)、批发方式在国内销售其进口及在国内采购的商品；特殊商品应符合相关规定。(六)在中国境内设立科研开发中心或部门，从事新产品及高新技术的研究开发，并提供相应的技术服务。(以上不涉及国营贸易管理商品，涉及配额、许可证管理商品的，按照国家有关规定办理申请)(七)设计、制作、代理、发布广告；(八)货物进出口、技术进出口及代理进出口；(九)仓储服务。(依法须经批准的项目，经相关部门批准后依批准的内容开展经营活动。)
亚马逊(香港)有限公司	

위의 표는 아마존 홍콩부터 ICP허가증을 취득한 내자법인까지 투자순서대로 정렬해본 것이다. 참고로 자본금, 연도, 투자자, 주소 등을 함께 정리해보았다.

지금까지 누구나 볼 수 있는 아마존 중국 홈페이지에서 확인된 영업집조(영업허가서)를 통해서 확인한 영업집조번호(한국의 사업자등록증 번호)로 하나하나 추적해서 정리한 사항들이다. 작년부터 공상국 홈페이지에서 회사명 혹은 영업집조번호(사업자등록번호)만 있으면 회사 기본 정보를 볼 수 있게 되었기 때문에 가능하게 되었다. 또한 언제부터 인지는 모르겠으나 과거와 달리 현재는 통합이 되어 자료 찾기가 많이 쉬워졌다. 단, 주소지의 해당 성(혹은 4대 직할시)은 알아야 한다. 한곳에 모아두긴 했으나 아직 성별 시스템을 전체로 통합하진 못했다.

아래 공상국의 기업정보 확인하는 곳 참고 바란다.(내자, 외자 모두 영업집조 확인 가능)

- gsxt.saic.gov.cn

아래는 외상투자법인만 가능한 상무국 홈페이지, 상무국은 중국 전 지역에 단일화 시스템이라 공상국보다 더 편리하다.

- gongshi.lhnb.gov.cn

2
한국법인은 중국 진출할 때 무엇을 준비하나?

필자가 경험해서 알고 있는 법인 설립, 회계, 세무와 관련된 이야기만 하고자 했는데, 어쩌다 보니 모르는 것도 언급해야 하는 흐름이 되었다. 이건 전체 흐름에 필요한 부분이라 굳이 언급하는 것이니 그냥 필자의 사견이라 생각하고 편하게 읽어주셨으면 한다. 뭐, 소설로 봐주셔도 좋다.

앞에서 잠깐이지만 글로벌 기업 및 외국 기업들이 중국 진출할 때 준비하는 사항들을 간단히 정리해보았다. 그럼 한국 회사들은 중국 진출을 준비할 때 무엇을 준비할까? 정답은 '그냥 중국으로 파견 가능한 인력을 보낸다'이다. 몇몇 중국 주재원들의 분투기를 다룬 책들을 보면, 한 달간 출장 갔다 한국에 복귀하니, 이미 중국 발령이 확정이 되어 있었다든지, 일주일 일정으로 중국에 출장을 갔는데 연장되어 세 달 있었다든지 등의 언급이 나온다. 설마 회사에서 중국으로 보낼 인력들을 추가 선정할 때, '그 친구를 중국으로 한 달간 출장 보냈는데, 전혀 출장 안 간 친구보다 낫지 않을까?' 하는 식으로 무계획적인 처신을 할까? 그런데 정말 그렇다. 그나마 대기업은 좀 낫다. 뭔가 계획이 있는 척을 하고 보고서도 몇 장 쓰고 보낸다. 이렇게 중국으로 간 분들은 알아서 중국어를 공부하고, 부딪치며 적응하고, 일부 기술적으로 필요한 사항들에 대해 본사에 지원 요청을 하여 지원을 받는다.

중국 사업에 성공한 혹은 실패한 회사의 차이는 단 한 가지다. 누구를 보냈느냐이다. 해당 분야 최고의 인력이고, 오픈 마인드로 알아서 현지 적응을 하여, 목숨 걸고 일하는 인력을 보낸 회사는 성공했고, 그렇지 못한 회사는 실패한 것이다.

몇 년 전 중국 진출에 성공한 회사로 알려진 E사 임원이 필자의 회사로 와서 강연을 했다. 성장 과정, 법인 현황, 사업할 때 어려웠던 점, 고비를 어떻게 극복했는지를 공유하는 귀중한 시간이었다. 이 강연을 듣고 조사를 하다 보니, 몇 안 되는 성공한 한국 기업의 공통점이 있었다. 중국 사업이 적자임에도 10년간 지속적으로 투자했다는 점, 핵심 인력이 그 10년간 바뀌지 않았다는 점, 그리고 마지막 결정적 한 가지는 아이러니하게도 한국 본사의 무관심이다.

몇 년 전 자녀 성적에 관한 조금은 우스운 미담이 유행했다. 자녀의 성적은 할아버지의 재력, 어머니의 정보력. 그리고 마지막으로 아버지의 무관심이란 우스운 이야기였다. 이 미담은 중국 사업과 하나의 공통점이 있다. 무관심해야 한다는 것이다. 한국 본사, 정확히 말하면 한국 본사에서 보고서 쓰는 사람들이 중국 일에 무관심해야 한다.

일부에선 내시세력이라 부르기도 하는데, 그들은 사업은 하지 않고 보고만 한다. 잘되면 방향(전략이라 한다)을 잘 잡고 보고를 잘 한 점을 내세우고, 잘못되면 현장에서 일한 사람들의 잘못이라고 한다. 잘되면 내 덕, 안 되면 남 탓하는 인력들이다. 물론 과거도 현재도 이것이 통하니 문제다. 보고하는 사람들이 보기에 중국 사업은 위험성 많고, 골치 아프고, 이성적으로 판단이 되지 않는 것이다. 한마디로 보고서 쓰기 정말 어려운 사업이다. 괜히 손댔다 나만 다칠 수도 있는 사업인 것이다. 게다가 한국 사업도 만만치 않게 힘든데 중국까지 신경 쓰기 어렵다.

10년간 적자임에도 중국 진출에 꾸준히 투자한 V사, 딱 10년 만에 손익분기점을 넘고 승승장구하고 있다. 지금은 해당 산업 분야에서 중국 기업을 제외한 외국계 기업 중에서는 1위 사업자다. 적자가 5년간 지속되던 2010년에 '중국 사업 실패백서'를 만들었다. 그 백서에 재미있는 내용 중 하나가 책임자 교체였다.

위에서 성공한 한국 기업의 세 가지 공통점 중 하나가 핵심 인력이 10년간 유지되었다는 것이라고 했다. 그런데 V사는 그 핵심 인력을 한국으로 일종의 귀향을 보냈다. 1년 후 귀향이 풀리고 중국으로 복귀한 후, 본사로부터 실패백서를 만들라는 지시가 떨어졌다. 근데 우스운 건 실패하게 만든 것은 보고자들(지주사)인데, 실패백서는 귀향 당사자인 사람이 작성하게 되었다. 귀향을 보낸 게 잘못이면 그 잘못한 사람이 보고서든 설명이든 해야 하는 것 아닐까?

우여곡절은 있었지만 핵심 인력 복귀로 사업은 다시 새롭게 출발을 할 수 있게 되었다. 보고자들로부터 입지 선정에 대한 의사결정 권한을 가져왔고, 그때부터 승승장구할 수 있는 기반이 다져지지 않았나 생각한다.

최소한 중국에서는 본사가 무관심해야 성공할 확률이 높다. 모르면서 감 놓아라 대추 놓아라 하는 것이 특히 중국 사업에서는 실패 요인이 되는 것이다.

한국 대기업을 다니다 알리바바에 입사한 한 지인이 한국 대기업과 알리바바는 큰 차이점이 있다고 말했다. 바로 보고 문화에 두 가지 차이이다. 첫째, 알리바바에는 내시집단이 없다고 한다. 보고를 위한 보고는 없고, 사업하는 사람이 직접 보고한다. 둘째, 멋진 보고서가 없다고 한다. 물론 대외용은 멋지게 만드나 내부 회의용은 핵심 내용만 있고, 보고서를 멋있게 만드는 건 없다고 한다.

화제를 바꿔서 관리 이야기를 좀 해보자.

중국의 법인장은 대부분 영업 혹은 마케팅 출신들이다. 한국에서 근무할 때도 숫자를 보는 것을 그렇게 즐기지 않는 분들인데, 그것도 중국어로 된 것들을 보자니 더 머리가 아프다. 그래서 방치하고. 알아서 하겠거니 한다. 중국에서 절대 알아서 하라는 건 없다. 내가 의사 결정을 모호하게 했던 건 6개월 뒤 반드시 발목을 잡는다.

문화의 차이일 수도 있으나 중국은 윗선에서 의사결정이 되지 않은 사항은 대부분 처리되지 않는다. 한국 사람은 문제가 있으면 알아서 처리하고 사후 보고하는 업무 문화이지만 그렇지 않은 중국은 내가 권한이 없는 사항이니 내가 의사결정을 해서 처리할 수 없다고 생각한다. 그래서 문제가 있는 건이 윗선에서 해결되지 않으면 6개월이고, 1년이고 썩혀놓는다. 썩은 냄새가 진동하게 되면 그때서야 알게 된다. 6개월 전 혹은 1년 전에 미적거리다 안 했던 사항이 이런 썩은 냄새가 나는 결과가 되었다는 걸 말이다.

모든 사항이 마찬가지지만 재무는 특히 자산의 손실로 나타나게 된다. 받을 수 있는 미수금을 못 받는다든지, 숫자 관리가 안 되어 누구에게 얼마를 받을 것인지 잘 모른다든지, 바늘구멍이었던 한 직원만의 문제가 미적거리고 방치되어 한 지역 조직이 도둑놈 소굴로 변했다든지. 사례는 많다.

아무리 법인장이라도 중국 파견 전에는 기본 재무 지식은 교육을 받아야 한단 이야기다. 최소한 재무 인력이 무슨 이야기를 하는지는 알아야 의사결정을 하고, 시행착오를 해서 성장할 것 아닌가? 그렇지 않고 방치하고 알아서 하라고 하는 순간 영업 잘 해놓고 관리가 되지 않아 실패하는 안타까운 상황이 발생한다.

01 | 한국법인의 중국 진출 전 준비 사항

다음은 한국 중소 법인의 전형적인 중국 진출 전 준비 사항이다. 다 그렇다는 건 아니니 오해는 마시길 바란다.

- 회사 내에서 해외 근무할 직원을 선정한다. 혹은 외부에서 채용한다.
- 해외로 보낸다.
- 해당 직원(혹은 법인장)이 법인 설립 방향, 지역 등 관련 사항을 보고하고 진행한다.

한국에 있을 때는 권한 위임이 너무 적어 문제였으나, 해외 특히 중국으로 보낼 때는 갑작스레 너무 많은 권한을 위임한다. 문제는 회사도 파견된 인력도 어디까지 권한이 위임되었는지 알지 못하는 데 있다. 그러다 문제가 생기면 그제야 일부 조정을 해주며 무엇을 도와줄지 물어본다. '본사는 당신에게 무엇이 필요한지 물어보기도 하고 참 잘하고 있지 않나요?' 하고 묻듯이 말이다. 시스템이 갖추어진 기업은 굳이 파견된 사람에게 물어볼 필요가 없다. 지원되는 사항은 어디까지이고, 조직 구조, 인력 구조를 갖추어 놓고, 해외 지점에 인력을 파견하면 그 인력이 A → A´로 조정은 하나 큰 틀은 바뀌지 않는다. 중요한 건 일단 방향성이 있다는 것이다. 시장 변동이나 회사 내부 사정이 바뀌면 변동은 있겠지만 일단 방향성은 정해져 있다는 말이다.

　공교롭게도 필자가 근무했던 한 중소기업과 그 주위 20여 개의 중소기업들, 한 개의 대기업이 그러했다. 인력을 보내면 할 일을 다한 것으로 알았다. 심지어 한 곳은 해외 지사에 어떤 자료를 요구해야 하는지도 몰랐다. 주면 받고 안 주면 받지 않았다. 파견해두고 한 달에 두 번 전화로 연락하는 게 다였다. 파견된 입장에서는 믿어줘 고맙긴 했지만, 방향성 없이 그냥 하루하루 생존을 위해서 일해야 했다. 결과가 좋아 다행이었지 회사가 없어져도 할 말이 없는 상황이었다. 중국에 진출한 한국 회사의 전형적인 특징이 이러한데 시스템이 일하는 게 아니라 파견한 사람에게 거의 모든 것을 맡겨둔다. 물론 참견은 한다. 다시 한 번 말하지만 도와주는 게 아니라 참견이다. 잘되면 본사가 잘해서 그렇고, 안 되면 개인 능력 부족이다.

　그래서 그런지 한국 기업은 중국인을 채용한 후 능력이 없다고 한다. 미국계 투자기업에서는 중국인들이 능력 없다고 불평하지 않는다. 사람에 의존하지 않고 시스템으로 돌아가기 때문이다. 한국계 기업은 시스템이 허술하다. 중국인을 믿지 않지만 시스템 없이 중국 직원의 능력대로 업무 처리를 하도록 한다. 참 아이러니하다. 믿지는 않는데, 업무는 맡기다니 말이다. 미국계는 업무분장R&R이 명확하다. 해당 업무만 그것도 시스템으로 처리하니, 업무 능력이 부족해도 해당 업무를 완수할 가능성이 높다. 중국 사람을 믿지 못하지만 실질 업무는 맡기는 한국 회사, 말로는 중국 사람을 믿는다고 하지만 실질 업무 처리는 맡기지 않는 미국 등 외국계 회사. 이 중 결과과 더 좋은 곳은 어디일까?

그런데 한국계 회사의 실적이 생각보다 나쁘지 않다. 한국인이 그동안 가정을 희생하며 열심히 일해서 그러건지, 아니면 개개인의 능력이 좋아 그런건지 모르겠지만, 하여간 시스템 없이 개인기로 업무 처리했음에도 결과가 상대적으로 타 국가 대비 나쁘지 않다. 이것 참 신기할 따름이다.

02 | 한국법인의 재무 관리

일반적인 중소기업 사례다. 회계 직원 한 명을 채용한다. 그리고는 출납, 회계, 인사, 총무 등 다른 잡다한 업무를 다 시킨다. 그럼 둘 중 하나다. 다른 곳으로 이직할 능력이 부족한 친구는 남고, 능력이 있는 친구는 퇴사한다.

재무를 하겠다고 방향을 잡은 친구들은 다른 잡다한 업무를 하는 것을 원치 않는다. 개인 경력에 도움이 되지 않기 때문이다. 당연히 결론은 사고가 난다. 원래 회계 업무 하나도 능력이 되는 친구가 아닌데 잡다한 업무를 다 하다 보니, 업무량에 치이고, 업무 능력은 못 따라가니 인사, 세무 쪽에서 사고가 터지는 것이다. 사실 회사의 모든 부서가 다 사고가 나지만 다른 것들은 티가 잘 나지 않는다. 고용계약을 맺지 않았다던가, 6대보험신고(한국의 4대보험 + 생육보험 + 주택공적금) 개인소득세 신고, 세무신고를 하지 않으면 세무국으로부터 연락이 오기 때문에 티가 나는 것이다.

사성무역유한공사와 오성무역유한공사, 알고 지내던 두 회사의 회계 직원이 퇴사했다. 법인장은 별일이 아닌 일로 생각한다. 회계 직원 퇴사는 세 가지 중에 하나다.

첫째, 본인이 업무는 처리하긴 했으나 몇 달째 업무 처리가 지연되고 복잡해져서 본인의 능력으로 시간 안에 해결할 수 없을 때, 둘째, 회계 인력의 능력이 되고 시간이 많지만, 주위의 부정으로 더 이상 업무 처리하기가 곤란하고 윗분과의 소통이 막혀 보고할 상황이 되지 않을 때, 셋째, 본인의 커리어에 도움이 되지 않는다고 판단했을 때다.

의외로 첫째, 둘째 이유가 일반적으로 보이는 셋째 이유보다 훨씬 많다. 경험상 70% 이상이다. 즉 회계 직원 퇴사는 회사의 위험성이 높다는 뜻이다.

사성무역유한공사는 2015년 회계와 세무가 맞지 않는다. 회계상으로는 2000만 원이 이익이 났는데, 세무신고는 이익을 0으로 했다. 왜 그런가 물어봤더니 법인장님이 그렇게 하라 했단다. 거짓말을 해도 논리가 있어야 하는데, 그냥 하란다고 그렇게 처리한 것이다. 이런 경우는 일반적으로 있을 수가 없다. 복리후생비, 교제비 등 회계상으로는 비용으로 인정되나 세무상으로는 한도가 정해져 있다. 그래서 대부분 세무상 이익이 회계상 이익보다 크다. 세무조사가 나오면 열심히 안 봐도 그냥 보이는 잘못이다. 100% 벌금이다. 50~500%의 벌금과 납부 지연 이자로 연간 18.25%(매일 1만분의 5 기준)를 납부해야 한다.

감가상각도 매월이 아니라 생각나면 처리하는 식이다. 5개월에 한 번, 혹은 3~4개월에 한 번 이런 식으로 처리해왔다. 또한 회계 직원 퇴사해도 아무나 그 자리를 대신하면 되는 줄 아셨던 것 같다. 자격증도 없는 한 직원에게 업무이관을 해두었다. 회계 직원이 처리한 것도 엉망인데, 더 심해졌다. 재고 자산이 마이너스가 되기도, 받을 돈이 마이너스가 되기도 한다. 필자가 두 시간 동안 확인하고 위 사항을 법인장에게 말씀드렸더니 대기업이 아니라 소기업이라 그럴 수도 있다 하신다. 이건 대기업이냐 소기업이냐의 문제가 아니라 기본이 안 된 것인데, 추가로 어떠한 문제들이 있을지 걱정이다.

다른 한곳인 오성무역유한공사. 회계 직원이 혼자서 모든 업무 처리를 다한 전형적인 경우였다. 출납, 회계, 인사, 총무, 기타 법인장 수명업무(한국 보고자료 지원, 출장 시 호텔예약 등)까지 말이다. 인력 추가를 요청했으나 일반적인 하소연으로 오해한 법인장님이 몇 달간 그대로 두었다. 결국 회계 직원은 퇴사했다. 문제는 그 다음부터다. 18개월간 판매 현장인력에 대해 개인소득세 누락, 3개월간 증치세 세무신고 누락, 기업소득세 분기신고 누락, 전년도 회계감사 자료 부족으로 의견 거절, 그중에서도 가장 큰 것은 고객사로부터 얼마를 받아야 하는지 금액 정리가 안 되어 있었다는 것이다. 즉 1년 6개월간 장부 정리가 엉망이었던 것이다. 벌금은 말할 것도 없고, 1년 6개월간의 장부 정리를 처음부터 해야 한다.

그런데 이상한 점이 있었다. 보통 일주일만 세무신고가 늦어져도 세무국으로부터 그 재무 직원에게 연락이 가기 때문이다. 또한 세무국 시스템에는 세무국 담당자가 보통 두 개의 연락처를 입력해둔다. 출납, 회계 혹은 회계, 법인장 연락처를 확보한다. 새로운 담당자가 세무국 담당 직원을 만난 후에야 그 원인을 알게 되었다. 3개월간 그 세무국 담당자가 회계 담당자에게 연락을 했지만, 전화를 계속 안 받왔다고 한다. 그러다 겨우 연결이 되었을 때는 전화받은 게 실수였는지 바로 끊었다 한다. 또한 세무국 시스템에 입력된 연락처가 본인 것과 법인장 것이 있었지만, 법인장이 중국어가 안 되니 연락해도 소용없다며 법인장 연락처를 없애고 본인 연락처 하나만 두었단다. 그 세무국 담당자는 회계 담당자 외의 회사 내 다른 연락처는 몰랐으니 연락할 길이 없었다. 세무국 담당자가 괘씸해서 법인 영업집조 취소 신청을 하기 직전, 새로운 직원이 세무국에 교육을 받는 김에 세무국 담당자를 찾아가 그제야 자초지종을 들은 것이다. 다행히 세무담당자가 직원을 잘못 만난 불쌍한 회사로 여겨주어 잘 마무리되었다. 필자가 봐도 지금껏 봐왔던 200여 명의 회계 직원 중 최악이긴 하다. 근데 이 업체만의 일일까? 그게 더 큰 걱정이다.

Special Point

재무 인력 면접 시
체크할 사항

 재무 인력 면접 시에 한국에선 재무 업무 능력은 확인하지만 분개 처리는 확인하지 않는다. '이 회사가 면접자인 나를 무시하나?' 하는 생각이 들기 때문이고 그렇게 유치한 것까지 확인할 필요가 없어서다. 하지만 중국에서는 반드시 확인해야 한다. 급여 분개 처리를 물어보는 것에서 지원자의 50%가 떨어진다. 400명 면접에서 200명을 이 질문 하나로 떨어뜨렸다. 이게 가장 큰 차이점인 것 같다.
 중국 사람들은 상대적으로 말을 잘한다. 심지어 전문지식이 하나도 없는데 전문가처럼 보인다. 게다가 면접 보는 한국 사람은 중국어가 네이티브가 아니라서 미묘한 뉘앙스를 읽지 못한다. 전문적인 지식을 테스트하지 않으면 경력 없는 사람도 경력이 많은 것으로 둔갑한다. 그래서 중국에서의 면접 질문은 일반적인 재무지식을 물어보면 안 된다. 일반적인 것이 아니라(물론 팀장급 이상은 다르다) 상세한 질문이어야 한다. 급여 회계 처리는 어떻게 하냐는 유치한 질문도 해야 한다. 안 하고 후회할 때는 이미 늦었다.
 또 하나 면접에서 중요한 것 중 하나는 모르는 것을 모른다고 할 수 있느냐를 본다. 능력보다 중요할 수도 있다. 모르는 걸 모른다고 하지 않고 담당자들이 대답을 해주기 때문에 그르치는 일들이 너무 많았다. 잘 고쳐지지도 않고 말이다. 완벽하게 고치는 데 어떤 친구는 1년, 어떤 직원은 2년 걸렸다. 물론 끝까지 못 고치고 퇴사한 친구도 있다. 다음은 면접 질문을 두 가지로 나누어 정리해본 것이다.

실무 능력 검증

(1) 회계 자격증은 있는가? 현재 가지고 있는 회계 자격증은 무엇이고 중급 자격증을 취득하지 못했다면 왜 취득하지 못했는가?
(2) 급여 분개 처리를 할 수 있는가? 어떻게 하면 되는가?
(3) 마감은 시간이 얼마나 걸리고, 마감할 때 하는 업무 프로세스를 말해보세요.
(4) 매출 인식 기준은 무엇인가? 영수증 기준으로 해야 하는가? 발생 기준으로 해야 하는가?
(5) 영수증 기준으로 한다면 물건·서비스를 제공한 후, 영수증 발행 전 사항들은 어떻게 관리할 것인가?
(6) 발생 기준으로 한다면 영수증 금액과 회사 매출액이 달라서 세무국에서 조사를 나올 텐데 어떻게 대응을 하고, 어떻게 대답을 할 것인가?
(7) 마감 후 손익계산서와 자산부채표를 작성한 후 어떤 일들을 하는가?
(8) 외상 매출금과 미수금 상세내역은 어떻게 관리해야 하는가? 업체별만 작성한다면 고객사와 금액이 맞는지 여부를 어떻게 맞추는가?
(9) 개인소득세 면세 항목은 어떠한 항목들이 있는가? 외국인인 경우에는 어떠한가? 왜 국가에서는 그런 면세 항목들을 해주는가? 면세 항목들을 급여 항목에 놓는 것, 복리후생 계정 과목으로 놓는 것, 다른 계정 과목으로 놓는 것 중에 어떤 것을 선택해야 하는가?
(10) 손익계산서, 자산부채표 샘플을 보여주고, 이 업체가 무엇을 하는 업체인지 아는 대로 설명해보세요(맞추는 게 목적이 아니라 면접자의 지식을 바닥까지 끌어내보자는 것이다).
(11) 증치세 인증과 관련해서 업무 처리 프로세스를 말해보세요. 인증은 언제까지 어떻게 하는가?
(12) 손익계산서와 분기별로 납부하는 세금은 같은 기준인가?

> ⒀ 손익계산서상의 세전 순이익과 기업소득세 납부하는 기준의 세전 순이익이 같은가? 만약 다르다면 왜 다른지? 다른 항목들은 어떤 항목들이 있는지? (자세하게)

질문 항목이 좀 많은가? 하지만 가장 중요한 것은 업무 태도이다. 지금은 조금 몰라도 시간을 들여 가르치면 되니까 말이다. 물론 그건 채용하시는 분의 판단이다. 좀 부족해도 가르치면 된다고 생각하면 말이다. 태도가 좋으면 동일한 수업료를 두 번 내진 않는다. 단, 모르는 걸 모른다고 할 수 있는 태도는 있어야 한다. 이건 좀처럼 고쳐지지 않는다. 문맹이면서 글자 공부는 안하고, 문맹이 아닌 척을 한다고 하자. 외국인(한국) 사장님들은 그 문맹에게 글자를 묻는 꼴이다.

모르는 걸 모른다고 할 수 있는지 여부 확인

⑴ 외자법인 자본금을 사용해보았는가?
  답이 "예"라면 후속 질문을 한다. 자본금을 사용할 때 어떤 자료를 은행에 제출하고 하는지? 왜 제출해야 하는가?

⑵ 해외 송금을 해본 적 있는가?
  답이 "예"라면 후속 질문을 한다. 해외로 송금할 때 프로세스를 말해보자. 어떤 세금을 납부하고 왜 납부하는가?
  해외 송금 시 납부해야하는 세금을 아는 대로, 항목별로 말해보세요.

⑶ 배당 송금해본 적 있는지?
  답이 "예"라면 후속 질문을 한다. 세후이익(당기 순이익)을 100% 송금 가능한지? 송금할 때 중국에 몇 %의 세금을 납부하는지? 왜 그러한지?

면접의 목적은 그 사람의 인성, 전문성을 보는 것이긴 하다. 특히 그중 전문성이라면 바닥을 드러내는 면접이라야 한다. 그렇지 않으면 진짜 수준을 모른다. 정확한 바닥을 알아야 허당 직원 채용을 방지할 수 있다.

3
용감한 한국법인

한국법인이 용감하다는 것에 동의하는 사람도 있을 것이고 의아하게 생각하는 사람도 있을 것이다. 대부분 고개를 끄덕일거라는 생각은 든다. 중소기업 사장님 대부분이 영업 협상은 잘하지만 관리는 뒷전이다. 돈이 안 된다고 생각하시는 듯 하다. 관리를 하려면 돈이 든다고 생각하기도 하고 귀찮기도 하고 말이다.

여기 개인 사업을 10년간 운영한 사라라는 사람이 있다. 그녀는 우연한 기회에 중소기업에 입사하게 되었다. 기존 사업은 하루 1~2시간만 투자하면 되니, 투잡 개념으로 생각하고 입사한 것이다. 그러다 입사하고 처음 비용 신청하는 것을 봤다. 먹지도 않는 쌀에, 200~300위안이면 충분한 사무용품이 2000위안 비용 처리되지를 않나, 근거 없는 공급상 비용을 청구하는 등 완전한 도둑소굴이 따로 없었다. 이미 법인장이 있었는데, 대기업 임원 출신이라 그런 것인지, 귀찮아 꼼꼼하게 보지 않은 것인지 아니면 본인이 투자한 회사가 아니라 그랬는지 간에 하여간 그냥 사인을 하신 듯하다.

사라 씨는 스스로 사업을 하는 입장에서 낭비되는 것을 보기 힘들었다. 그래서 이대로 계속 다니다가는 제 명에 못 살겠다 싶어 3개월만에 퇴직서를 냈다. 한국 본사 사장님도 그 내용을 조금은 아셨는지 월급을 50% 인상해줄 테니 남아달라 했다고 한다. 그렇지만 돈보다는 건강이 중요하다 싶어서 회사를 나왔다고 한다.

근데 이런 업체가 의외로 많다. 그래서 농담 반 진담 반으로 중국에서 성공한 사례는 단 두 가지라고 말한다. 하나는 투자자가 100% 신뢰하는 사장(99%도 안 된다), 다른 하나는 투자자가 직접 와서 배우고 의사 결정하며 성장해나가는 경우이다. 한국은 사장급이든 직원이든 기본은 한다. 즉 능력 차이가 상대적으로 적다. 중국은 빈부 소득 격차만큼이나 능력 차이가 크다. 관리를 잘하느냐 못하느냐도 한국은 보이질 않지만 중국은 눈에 확 띈다. 그만큼 운으로 될 수 있는 곳이 아니라 작은 것부터 큰 것까지 다 손이 가고 관리가 되어야 한다는 뜻이다.

01 | 컨설팅 회사에 맡기면 알아서 법인 설립해준다

그렇다. 컨설팅 회사에 맡기면 법인 설립을 알아서 해준다. 업무에 익숙하지 않아서 혹은 업무는 알지만 시간 효율 때문에 법인 설립 등 업무를 외부에 맡긴다. 그런데 문제는 판단 능력은 남이 대신 판단해줄 수 없다는 데 있다. 한 전직 대통령이 '몸은 빌릴 수 없지만 머리는 빌릴 수 있다'고 했다지만 판단 능력은 빌릴 수 없다. 업체 선정 능력이 중요하다. 판단 능력이 있어야 어느 업체가 업무를 알고 하는지 그냥 정부기관에 서류 전달만 하는지, 문제가 많이 생기는 중국에서 문제 해결 능력이 있는지 없는지를 확인할 수 있어야 한다. 업무 처리를 어떻게 하는지 모르고, 제대로 설명할 줄 모르는데 어떤 일을 제대로 할 수 있겠는가? 어불성설이다. 설명을 잘해도 더 디테일하게 확인해야 하는 게 중국이다. 2단계에서 막히는지, 세 번째 질문에서 막히는지, 업무 처리를 다 알고 하는지 말이다. 필자도 고객 입장이었을 때는 몰랐다. 왜 지역별로 제출하는 서류가 다르고, 담당별로 이야기가 다른지, 왜 처음에 요청한 서류와 추후 요청하는 서류가 다르고, 왜 업무 처리가 더딘지 말이다. 직접 해보니 감이 왔다. 이에 대해 몇 가지 적어본다.

첫째, 법은 동일하나 중국은 변화의 속도가 빠르다 보니, 지속해서 변화한다. 중앙에서 내려와도 지역에서 서류 양식 정리하는 데 시간이 걸린다. 그러다 보니 기존 양식을 쓰던 습관이 남아 있는데다가 담당자별로 차이가 나는 점들이 존재한다. 작은 예를 하나 들어보면, 법인 설립 시 감사인에 대한 신분증 원본제출 여부이다. 일부 지역은 원본을 요구하고, 일부 지역은 원본이 필요가 없다. 법 규정을 먼저 보면 원본 제출이라고 되어 있다. 업무 처리 효율을 위한 실무지침에서는 회사 내부 감사인에 대해서는 요구하지 않는다.

규정에는 원본을 내라고 되어 있지만, 실무에선 불필요해서 받지 않는 경우가 많다. 그런데 받아들이는데 더딘 외곽 지역은 아직도 원본을 요구한다. 재미는 건 그 외곽 지역도 과장은 원본이 필요 없다는 것을 안다. 밑의 담당자들은 현장 대외 업무에서 원본을 확인하고 있고 말이다.

그러면 방법은 두 가지다. 안전하게 원본 대조를 받든가 혹은 건마다 과장을 찾아가 원본이 필요 없음을 담당자들에게 인식을 시키든가 말이다. 필자는 둘 중 어느 것이 좋을지 테스트해보았다. 그래서 지금은 해당 지역에서 감사인 원본을 받지 않고 복사본으로 처리를 해준다. 필자의 두 번에 걸친 고생 덕분이다.

둘째, 법인 설립 업무는 경력이 가장 낮은 친구가 한다. 그리고 이직률도 높다. 그러니 고객에게 항상 초보자가 배정되는 것이다. 컨설팅 회사든 정부 담당자든 말이다. 그러니 수정사항이 많고, 한 번이면 될 사항을 두 번, 세 번 방문해야 한다. 물론 필자도 첫 번째 진행하는 건은 두 번씩 방문했다.

셋째, 지역별로 중시하는 항목들이 정말 있다. 동일한 영업 범위인데, 지역별로 추가자료 요청을 하는 곳과 그냥 별 문제없이 해주는 곳들이 있다. 이것은 방법이 없다. 설립 진행 전 직접 방문해서 상담하는 수밖에. 게다가 근 5년간 변화가 많다. 지난달에 있던 자료가 이번 달에 없어지기도 한다. 그것은 그나마 괜찮다. 서류 작성한 것을 버리면 된다. 문제는 추가되는 건인데, 다행히 많지 않다. 업무 효율화 간소화가 중국 정부 목표이기 때문이다.

그래서 결론은 어떤 업무든 판단할 수 있는 역량을 키워야 제대로 된 업체 선정이 가능하다. 그래야 어디서 막히는지 알고 막히는 부분을 뚫어줄 것이기 때문이다.

어렵게 진행한 사례가 하나 있다. 가상오피스, 수출입, 식품유통, 주류 허가가 함께 포함된 법인 설립이었다. 특히 외국인이 진행하기는 더 힘들다. 도와줄 중국 업체를 찾기 위해 20여 곳의 컨설팅 업체를 만났다. 물론 예상과 같이 아주 긍정적인 대답이 돌아온다. 이미 진행해봤고, 다 할 줄 안다고 한다. 그러나 필자는 업체를 만나기 전에 공부를 했다. 만나서 대화를 하다 보니, 실제로 업무 처리한 경험이 없다. 무려 20곳 중 15곳 이상의 업체가 그랬고, 어떤 곳은 인허가 내주는 정부기관도 헷갈리며 틀리게 말한다. 물론 영업사원과 실질 업무 처리하는 사람의 차이도 있을 수 있다. 그럼 모른다고 하고, 확인 후 알려줘야 하는데, 그냥 아는 척하고 이야기를 한다. 필자가 만난 20여 곳의 컨설팅 업체 중 단 한 업체만 제대로 대답했다. 이제 문제는 단가이다. 내가 고객사에게 준 단가보다 그 중국 업체에서 내게 준 단가가 더 높다. 사실대로 말하고, 협의해서 단가 인하를 좀 했다. 업무를 진행했더니 그 업체조차 실수를 한다. 20곳 중 가장 잘할 것 같은 업체를 선정했지만 드문 케이스라 해본 회사가 거의 없는 것을 욕해 무얼 하겠는가. 욕먹는 건 난데. 하루하루 일정을 단축하려고 왕복 70km가 넘는 지역을 매일 가다시피 했다. 버는 돈은 하나도 없었지만 덕분에 배우는 것은 많았다. 돈 내고 배우는 사람도 있는데, 무료 수업료라 생각하니 마음은 편했다. 다행히 실질 업무를 진행하는 곳의 태도는 좋았다. 하여간 필자가 이토록 장황하게 설명한 요점은 컨설팅 회사가 컨설팅 회사에게 업무 의뢰를 해도 발생하는 문제이고, 업무를 잘 알아도 문제가 생길 수 있다는 것이다. 그런데 업무 이해조차 못한 업체라면 어떻겠는가?

02 | 회계 한 명 채용해서 다 맡기면 되지

중국에서 태어나 자란 사람들은 한 사람에게 출납, 회계 업무를 맡기지 않는다. 내 돈이 날아갈 위험성이 있어서다. 규모가 작아도 그렇고, 외국 투자자들도 마찬가지다. 유독 한국 사람들만 중국에서 몇 년 살지도 않고 중국을 안다고 착각하고 중국인을 유독 무시한다. 그리고 한국에서 하던 습관을 그대로 가져와 직원 한 명에게 많은 업무를 맡긴다. 그리곤 능력 없다고 욕한다. 평소엔 문제가 없다. 다만 언제 터질지 모르는 큰 문제가 도사리고 있다. 그렇다고 규모가 작은데 회계 직원만 두 명을 채용하라는 말이 아니다. 이럴 때는 출납 업무를 사장님이 하면 된다. 아니면 출납은 직원에게 맡기고 대리기장을 맡기든가 말이다. 항상 방법은 있다. 본인 상황에 맞는 방법으로 선택하면 된다. 단, 제발 한 명에게 굳이 두세 가지 업무를 맡기지는 말자. 견물생심이다. 사람이 나빠서가 아니고, 내 앞에 돈이 떨어졌는데, 줍지 않을 군자는 많지 않다. 장부기록과 자금을 동시에 맡기는 것은 착한 직원을 유혹의 길로 가게 하는 것이다. 운 좋게 담당자가 도덕적이라 하더라도 업무가 정리가 안 된다. 받을 돈은 있는데, 언제 거래가 발생된 것이며, 어떤 사유로, 어느 업체로부터 받아야 하는지 정확히 모른다던가, 고용계약을 입사 한 달 내에 하지 못해 세 배로 배상을 한다든가, 세무신고를 하지 않아 벌금을 납부한다든가 하는 일이 벌어진다.

전 직장에서는 중국 각 지역에 재무 직원만 120여 명이 있었다. 잘 다니던 재무 직원이 퇴사한다고 하면 긴장이 되었다. 중국 직원은 퇴사 사유를 항상 서로 좋게 헤어질 수 있는 사유를 든다. 체면面子문화의 소산이다. 진짜 퇴사 이유는 그것이 아니다. 해당 법인(지점)의 점장 혹은 총경리가 부도덕한 일을 했다든가, 점장의 압력으로 더 이상 일을 하기 어렵다든가, 소통 능력이 부족해 타 부서와 소통이 어려웠든가, 업무 능력 부족 혹은 과다한 업무로 회계 문제가 있다든가 등 말이다. 그중 가장 안타까운 상황이 채용이 지연되어 한 사람이 회계, 출납 두 사람의 업무를 보게 되면서 업무 처리가 제대로 되지 않은 경우다. 게다가 점장이 인사, 총무, 영업 정산 정리 등 각종 잡다한 업무를 맡겨 혼자 업무 처리를 다하지 못했을 때가 많다. 본사는 1000km 이상 떨어져 있고, 현장에서는 매일 얼굴을 마주보는 점장이 있으니 건마다 본사에 보고할 수도 없을 테고 어려웠을 것이다.

그래서 아무리 바빠도 한 달에 한 번은 연락을 해서 소통할 수 있는 통로를 만들어주었다. 중국인 직원은 먼저 물어보지 않으면 절대 무엇이 문제인지 먼저 말해주지 않는다. 문제가 생기면 항공료가 들더라도 현장에 바로 인력을 보내서 해결했다. 늦으면 비용이 문제가 아니다. 작은 구멍 하나로 전체 관리가 어려워지게 된다.

03 | 회계 직원은 왜 이렇게 안 된다는 게 많지?

뭐가 그리 안 된다는 게 많다. 필자도 한동안 무지 짜증났었다. 거기다 안 되는 이유를 물어보면 이유도 모른다. 그냥 안 된단다.

두 가지 중 하나다. 첫 번째는 정말 안 되는 경우다. 그리고 나머지 하나는 안 해본 경우다. 50대50이다. 근데 원인 파악이 되지 않은 상황에서 그냥 하라고 하는 경우 세 가지 문제가 생긴다.

첫째, 리스크가 생긴다. 몰라서 그랬을 수도 있으나 만약 50%의 확률로 리스크가 있었던 경우라면, 앞서 말했던 100% 걸리는 논리 없는 탈세를 한다던가, 말한 대로 하다보면 장부 정리가 점차 실질과 멀어져 간다. 즉 숫자는 있으나 근거 없는 숫자들이 생긴다. 회계장부에 누구에게 받을 돈이 있다고 표시는 있으나 누구에게 돈을 받아야 되는지 모른다.

둘째, 반감이 생긴다. 바쁘다고 제대로 된 설명을 하지 않고 강압적으로 대하면 나중에 리스크가 생겨도 말하지 않는다. 회계 직원은 최후의 보루다. 어느 부서에서 잘못을 했든 마지막엔 자금 집행, 평소엔 인감 날인을 하기 때문에 오류를 발견할 건들이 많다. 혹은 부정의

낌새를 챌 수도 있다. 업무를 합리적으로 풀지 않으면 내 회사란 생각이 들지 않을 것이다. 그렇게 되면 리스크를 관리하지 않고 리스크가 보이더라도 법인장에게 보고하지 않고 그대로 둘 공산이 크다. 내 대신 나의 자산, 자금 관리를 해줄 내 분신을 버리는 것과 같다.

셋째, 안 해봐서 안 된다고 하는 경우다. 이유를 파악하게끔 해야 한다. 속이 터지더라도 말이다. 중국은 한국보다 더 자본주의화되었지만 공산주의 국가다. 중국인은 정부 관계자가 안 된다면 그냥 안 되는 것이다. 이유도 묻지 않고 말이다. 이것은 훈련이 필요하다. 네 배의 급여를 주고 훈련된 직원을 뽑으려면 뽑아도 된다. 한국에 있는 한국 직원보다 급여도 높다. 그게 싫다면 어쩌겠는가? 소통을 통하여 훈련을 시키는 수밖에 없다

04 | 회계, 정해진 대로 처리하면 되는 거 아냐?

회계 처리는 규정대로 하면 된다. 정해진 약속이 있고 그 안에 논리가 있다. 근데 그 약속이 무엇인지, 그 논리가 무엇인지 모르는 사람이 규정 대로 혹은 정해진 대로 할 수 있을까?

한 법인의 이야기다. 이 회사의 법인장은 회계 직원이 퇴사하자 회계는 그냥 정해진 대로 처리하는 것이라고, 자격증도 없고 회계 개념도 없는 직원에게 업무 처리를 맡겼다. 4개월이 지났다. 4개월간 그 직원은 계속 어렵다는 이야기를 했으나 "그까짓 회계 처리, 세무신고 그냥 하면 되는데 왜 이리 어려워 해" 하면서 그대로 두었다. 4개월 후 그 직원이 이젠 정말 못 하겠다 하니 그제야 업무 처리 가능한 직원

과 업체를 알아보았다.

그런데 알아두어야 할 게 하나 있다. 중국 직원들은 본인들 입으로 웬만하면 못하겠단 이야기를 하지 않는다. 무능을 나타내는 표시이기 때문이다. 못하겠다고 말했다는 건 이미 상당한 사고가 난 후라는 이야기다. 세무신고 오류와 누락, 장부 처리 누락 등 이미 일어난 후란 얘기다. 5천만 원의 손실이 발생했다. 이게 다 5백만 원의 급여를 절약하다가 발생한 일이다.

개별 기업은 모르겠으나 중국 전체로 보면 중국의 회계 관리 시스템은 한국보다 잘 되어 있다. 중국에서는 한국과 달리 회계 자격증 제도를 관리하고 있고, 회계 자격증을 취득하지 못한 사람이 회계 처리, 세무신고를 할 경우 3000~5만 위안의 벌금이 있다. 물론 실무상 벌금처리하는 경우는 많지 않다. 왜냐하면 지키지 않으면 본인 손해이므로 중국 사장들은 절대 회계 자격증 없는 친구들을 채용하지 않기 때문이다.

05 | 재무는 어려우니 네가 알아서 신고해

법인장이 재무를 몰라서 무시하는 경우와 어려우니 직원더러 알아서 하라는 것은 가장 위험한 경우다. 탈세가 되거나 신고가 되지 않았거나 본인도 모르게 가짜 영수증을 쓰는 등의 문제가 일어나면 회계 직원이 벌금을 내지 않는다. 대응하고, 벌금 내고, 심지어 출국금지 당하고 감옥에 가야 하는 것은 법인대표다. 그런데도 사장인 나는 모르겠으니 알아서 하라거나 생각하기 귀찮으니 알아서 하라는 태도를 가져서는 안 된다. 디테일한 건 모를 수 있어도 어떠한 신고사항이 있고, 신고했는지 여부는 확인해야 한다. 또한 고객사로부터 받아야 할 돈이 얼마인지도 알아야 한다. 몇 가지 사례를 보자.

하나무역유한공사(가명)라는 사업을 시작한지 3년이 된 회사가 있다. 드디어 손익분기점BEP 달성을 했다. 그것도 앞의 2년간의 손실을 메우고도 이익이 남았다. 사장님 입장에선 고객사로부터 돈도 못 받았는데, 매출영수증을 12월 말에 처리한 것이 있어서 돈은 없는데 세금은 납부해야 하는 상황이 생긴 것이다. 즉 보기에 실질적으로 회사에는 돈이 없는데 회사가 이익이 났다니 말이 안 된다고 생각할 수도 있다. 사장이 회계 직원에게 세금을 좀 안 내게끔 처리하라 지시했고, 당시 담당 회계 직원은 그냥 말씀대로 충실히 따랐다. 세무신고를 조정해서 2015년 기업소득세(법인세)를 납부하지 않은 것이다. 회사 회계 기록상에는 '40만 위안 이익', 세무상에서는 '5만 위안 손해'로 처리했다.

문제는 장부 처리만 했지, 회계·세무논리를 모르는 직원이었다. 아마 그런 일을 해본 적이 없었던 것 같다. 그냥 다른 사항은 정리하지 않고 세금만 적게 납부했다. 세무국이 바보가 아닌 이상 회사로와서 장부를 슬쩍 들춰보기만 해도 세무신고 사항과 장부기록이 다른 것을 알 수 있다. 만약 회계감사가 있었다면 회계감사 자료와 세무신고 자료의 근거가 달랐을 것이고 말이다.

그런데 가장 큰 문제는 그게 아니다. 그 한 번의 거짓말은 그다음 모든 회계장부와 세무신고 금액을 맞출 수 없게 되어 버렸다. 아니 맞출 수는 있지만 맞출 능력이 그 직원에게는 없었다. 불행 중 다행인

점은 그 회사는 외자법인이 아니고 내자법인이었다는 점. 그러면 회계 감사를 받지 않아도 되고, 세무국에서 볼 때 규모가 크지 않으면 세무조사 직원 인건비도 나오지 않는 세무감사는 하지 않을 것이다. 어찌되었든 세무감사가 나오기만 하면 100% 걸리는 사항이다. 나오면 그냥 벌금을 납부하던가, 그전에 청산하든가 혹은 다른 회사에 넘기는 게 선택 가능한 사항이지 싶다.

 두성화장품 무역유한공사(가명)라는 수입하여 판매하는 회사가 있다. 1년 동안 제대로 된 매출이 없다가 2016년 상반기부터 급격하게 매출이 늘기 시작했다. 갑작스런 거래 증가로 업무에 부하가 걸렸다. 이 회사도 한 명의 직원이 역시 회사의 모든 잡다한 일을 하는 구조였다. 회계, 세무, 출납, 총무, 인사, 수입 관련 업무, 영수증발행 및 입금관리 등을 한 직원이 담당했다. 거래가 없었을 때는 괜찮았으나 거래가 늘어나니 정신이 없었다.

 수입한 상품으로 바로 매출이 발생하기도 하지만, 몇 달간은 재고가 쌓여있는 구조였다. 이럴 경우 매출이 발생하더라도 재고가 있기 때문에 즉 수입한 물건의 매입증치세(매입부가세)가 있어, 증치세를 납부할 일이 없다. 근데 납부를 하는 것이었다. 확인해보니, 매입증치세를 세무국에 등록하는 인증 절차를 하지 않은 것이었다.

 참고로 한국과 달리 중국은 매입세액 공제를 받으려면 세무국 시스템에 매입세액을 등록해야 매입세액 공제가 된다. 매입세액 인증 절차를 하지 않으니 납부하지 않아도 되는 세금을 2000만 원 가량 더 납부한 것이다. 또한 중국은 같은 세금계산서라도 매입세액 공제가 되는 세금계산서 专用发票가 있고, 매입세액 공제가 되지 않는 세금계산서普通发票가 있다. 당연히 일반 과세자이므로 매입세액공제가 되는 세금계산서를 받아야 한다. 그런데 매입세액 공제가 되지 않는 세금계산서를 발급 받아 세액기준 1000만 원가량을 추가 세금을 납부했다. 결국 3000만 원을 낭비한 것이었다. 사후 신고를 하려고 보니, 세금계산서 날짜가 6개월이 초과되었다. 당시에는 세금계산서를 발급 받은 후 6개월이 넘은 건은 매입세액공제가 되지 않았다. 그러나 지금은 규정이 바뀌어 세금계산서를 1년까지만 인증하면 매입세액 공제가 언제까지나 가능하다. 그럼 어떻게 관리해야 하는가? 매입현황표를 만든 후 옆 칸에 매입세액 인증 사항을 추가한다. 즉 모든 매입한 금액에 대해 인증 여부를 확인하는 것이다. 그럼 누락 사항이 없게, 즉 최소한 증치세 매입세액 공제를 못 받는 손실이 없게끔 관리가 가능하다. 너무 간단하지 않냐고? 맞다. 너무 간단하다. 문제는 실행하는 회사가 몇이나 될지는 모르겠다. 회사 내에서 그렇게 관리하고 계신지 한 번 확인해보시길 바란다.

앞에서 언급했듯이, 미국계 회사는 이런 사항들을 시스템화하여 관리한다. 많은 한국 회사들은 중국 사람은 믿지 않으면서 사람에게 많은 것을 의지해 관리를 한다. 실수로 누락되면 그냥 세금을 국가에 추가로 갖다 바치는 것이다. 차라리 탈세하지 말고, 내야 할 세금을 제대로 내자. 받지 못할 것을 받는 것을 세무국에서조차 환영하지는 않는다.

필자도 고백할 게 하나 있다. 필자가 회사를 다니던 어느 날 한국에 있는 거래 업체로부터 건너 건너 연락이 왔다. 7개월간 입금 안 된 게 있다고 입금을 해달라고 한다. 이런 연락이 오면 95%는 구매, 공사, 총무 등에서 업무 처리를 안 한 것이다. 역으로 하나하나 확인을 했더니 시스템에 입력된 사항이 없었다는 게 드러났다. 담당부서에서 업무 처리를 안 한 것이다. 송금할 금액이 7000만 원이나 되는 금액이라 아래 직원을 시키지 않고 해당 부서 담당자에게 직접 확인을 해보았다. 그리고 결국 7개월 전 영수증이 담당자 서랍에서 나왔다. 거래처에는 결제 처리해서 입금해주면 되나(물론 그 업체에게는 무척이나 죄송할 따름이다) 회사 입장에서는 증치세 매입세액 공제 손실이 발생한 것이다.

그 공급업체는 그동안 필자가 속한 재무팀까지 연락할 길이 없어 구매담당자와 씨름하며 7개월을 보냈던 것이다. 그러다 공급 업체 사장님이 물어물어 직접 필자에게 연락해왔던 것이다. 회사 입장에서는 매입세액 공제 1000만 원가량이 문제였다. 전체 송금액이 증치세 17%가 포함된 7000만 원가량이었으니 매입세액 공제는 1000만 원가량이었던 것이다. 위에 잠깐 언급한 것처럼 당시만 해도 세금계산서를 발행한 지 6개월 이내 세무국이 요구하는 인증절차를 밟지 않으면 증치세 매입세액 공제가 되지 않았다. 그동안 친하게 지낸 세무국 담당자에게 연락해서 상황을 설명하고 예외 신청을 할 수 없겠냐고 부탁했으나 일주일 후 어렵다는 연락이 왔다. 즉 1000만 원가량이 손실이 났다.

이 문제는 시스템화되지 않는 한 모든 업체의 이슈다. 추후 시스템화 작업을 하여 이런 일이 일어날 가능성을 사전에 차단할 수 있도록 하는 구조가 되긴 했다. 그래도 사람이 하는 일이라 대기업, 중소기업 할 것 없이 중국에서 사업을 하는 한 발생할 가능성이 높고 바로 자금 손실이 나는 항목이니 항상 주의해야 한다.

Special Point

외자법인
설립 방법 및 종류

외국 본사들이 중국에 사업을 시작할 때, 혹은 외국인이 중국에서 개인 사업할 때는 무조건 법인이어야 한다. 외국인은 개인사업자를 할 수 없다. 혹은 법인은 아니나 대표처는 가능하다. 법인의 형태로는 지분 100%의 독자법인, 중국 내자기업과 지분 투자를 하는 합자법인, 그리고 법인 설립 후 자회사 혹은 분공사로도 설립이 가능하다. 이 책의 목적은 중국 진출 하시는 분들에게 실무상 필요한 정보를 제공하는 데 있으니 일반적인 사항만 정리한다.

대표처

대표처는 과거 중국 진출을 타진할 때 가장 많이 설립하던 형태이다. 외국(중국)에 있지만 실질 소속은 한국이다. 장점은 한국에서 모든 비용을 처리하게 되므로 한국 본사가 이익이 나고 있고, 중국 진출 여부를 타진할 때 가장 적합한 형태이다.

최근 5년간 몇 가지 변화가 있었다. 사실 진출 여부를 간볼 시기가 지났다. 중국 정부에서는 대표처 설립을 권장하지 않는 몇 가지 규정을 만들었다. 사실 외투법인이 대표처를 설립할 이유도 없어졌다. 바로 법인을 설립하는 것이 유리하다.

그럼 최근 몇 년간 어떤 변화가 있었는지 살펴보자.

첫째, 외국인은 네 명으로 제한한다. 사실 맞는 이야기다. 연락사무소 역할을 하는 곳에 외국인이 수십 명 온다는 건 말이 되지 않는다. 그래서 취업비자는 네 명까지만 가능하다.

둘째, 세금을 납부하게 되었다. 그동안 대표처가 사용한 비용은 그냥 한국 비용이었다. 대표처는 연락사무소 성격으로 당연히 매출이 생겨서도 안 되고 생길 수도 없다. 그 비용을 역산하여 계산한다. 예를 들어 1억 원의 비용이 들었다면 그건 그만큼의 매출을 기대한다는 것이고, 그 업계 평균만큼의 이익을 기대한다는 것으로 가정하는 것이다. 결론은 1억 원의 비용이 발생하면 11.75%의 세금을 납부하도록 했다. 흐름만 보시고, 세금 관련 제조 업체 등 업종별로 다를 수 있으니 확인하시길 바란다.

셋째는 중국 정부 입장이 아니라 한국 세무국 입장이다. 중국에 대표처를 설립하여 비용을 지출하는 건 한국 본사(법인)를 위한 것이 아니라 장차 중국에 세울 중국 법인을 위한 것이다. 이 비용은 한국 본사입장에서는 합리적이지 않은 비용이라고 세무감사 시 반영(챌린지)을 하기 시작했다(2015년부터 특히 강화).

그럼에도 불구하고 회사의 특수성이 있어 대표처를 설립하는 것이 유리하다면 대표처를 설립할 수는 있다.

외상독자법인

외상독자법인은 WOFE Whooly Owned Foreign Entity 혹은 WFOE Wholly Foreign-Woned Enterprise 라고도 한다. 즉 외국(한국) 본사에서 100% 투자하거나 홍콩을 통해서 100% 투자하는 것이다.

그동안 외상투자 산업 지도 목록의 제한 산업 때문에 어쩔 수 없이 합자기업을 했던 업체들이 진이 빠지기 시작했다. 언어도 문화도 다른 중국 업체와 한집살림(합자법인)을 하다 보니, 사업 역량을 총 동원해야 하는 중국 시장에서 업무 협의로 충돌이 잦고 업무 진행이 느려지게 되었다. 당연히 외상독자법인을 설립하기를 원한다. 대부분의 일반 허가 산업은 그대로 외상독자법인으로 진행하면 되고, 일부 제한 산업에서 허가 산업으로 풀리든 혹은 우회해서 다른 방법을 찾든지(홍콩 CEPA 등) 해서 많은 회사들이 실질적으로 설립하는 회사 형태이다.

이제는 중국에 글로벌 기업이 들어온 것도 세계에서 두 번째 수준이다. 과거처럼 중국 기업들 경쟁력 이슈 혹은 국가체제를 위협받을 산업들이 많이 있지 않아 상당 부분 개방했다.

결국 자체 경쟁력 이슈다. 지금의 합자는 제한 산업 때문에 억지로 하는 합자가 아니다. 독자적으로 설립하는 것이 가능하면 독자로, 중국 기업의 특정 역량(자금 등)이 필요하면 합자를 시대가 되었다. 너무나 일반화되어 더 이상 언급할 필요 없는 전혀 특별하지 않은 법인형태이다.

CEPA와 VIE는 지금은 흔한 단어가 되어 버렸다. 제한 혹은 금지 산업인 경우에 홍콩을 통해서 혹은 내자법인을 통하여 외상독자가 되는 방법들이다. 앞에서 언급했으므로 여기는 넘어가기로 한다.

합자법인

합자법인을 설립하는 경우는 두 가지이다.

첫째, 외상투자 산업 지도 목록(2015년)에 따라 어쩔 수 없이 합자법인으로 하는 경우다. 산업에 따라 다르긴 하나 일반적으로 외상투자기업이 지분을 50% 미만을 가져야 하는 제한 산업 업종의 일반적인 형태이다. 두유, 자동차완성차(현대), 주유소, 영화관 건설과 경영(롯데,메가박스,CGV), 어린이 교육, 테마파크건설(디즈니 등), 보험회사 등이 눈에 띈다. 아직 이런 종류의 산업들은 중국 법인과 합자로 할 수밖에 없다.

둘째, 외상독자법인으로 가능하나 서로 보완되거나 핵심 경쟁력이 시너지 효과를 낼 수 있는 경우다. 한국 회사들은 합자로 잘되는 경우가 많지 않다. 사람을 보고 선정하지 않고 체면(규모)와 활용목적으로 파트너사를 선정하기 때문이다. 또한 핵심 경쟁력을 계속 유지 혹은 진화가 되어야 하는데, 몇 년 후 이용가치가 없어지기 때문이다.

자회사

자회사는 외상독자법인을 세운 후 타 지역으로 추가 진출할 때 고려할 수 있는 법인 형태이다. 즉 기존에 법인이 있고, 타 지역으로 진출할 때 선택할 수 있는 종류 중 하나다. 외상독자법인, 자회사, 분공사 중 하나인 자회사 설립이다. 사실 자회사도 외상독자법인과 동일하다. 다만 투자자(외상독자법인)가 중국에 있기 때문에 규정상 내자(중국)법인으로 간주된다. 물론 외상투자 금지, 제한 항목은 외상투자법인과 동일하게 적용된다.

 단, 외상투자법인 설립에 대한 일부 제한은 풀린다. 예를 들면 광고법인은 외상독자법인인 경우에 외국 투자자 본사의 매출이 광고매출 부분이 50%를 초과해야 한다. 그러나 외상투자법인을 설립한 다음에 자회사 子公司를 설립하게 되면 그때 그 적용을 받지 않아 누구나 광고법인 설립이 가능하다. 또한 과거 영화관의 외상투자법인의 최소 자본금은 600만 위안(10억)이었다. 내자법인이면 100만 위안(1억 7000만 원)이면 가능하다. 즉 기존 중국에 있고, 그 중국외상투자법인의 자회사로 설립하면 그 영화관은 100만 위안(1억 7000만 원)이면 자본금으로 투자가 가능하다. 지금은 자본금 제한 규정이 풀리면서 그조차도 없어지긴 해서 의미는 없어졌지만 말이다.

분공사

분공사에는 두 가지가 있다. 독립결산 独立核算 분공사와 비독립결산 非独立核

算 분공사.

 기업소득세를 제외하고 독립적으로 결산을 하는 분공사와 사무소개념의 사람만 있지 실질적인 매출이 없어 별도 세무신고가 필요하지 않은 분공사 두 가지다.

 한국의 지점과 비슷하나 중국의 분공사가 더 독립적이라고 볼 수 있겠다.

 일반적으로는 독립결산분공사 형태가 많은데, 이럴 경우 중국에선 본사의 지역세무국과 분공사가 속한 세무국의 지방정부끼리 세금을 나누어 갖는다. 그래서 비독립결산분공사를 잘 허가를 내주지 않는다.

 예를 들어 본사는 서울에 있고, 분공사가 부산에 있다면 매출 관련 세금과 지방세는 각자 지역 정부에 납입을 한다. 이슈는 기업소득세(법인세)가 발생했을 경우다. 그럼 중국은 합리적으로 기여도에 따라 각 정부에서 나누어 갖는다.

 세 가지 기준이다. 종업원 수, 매출액, 자산 규모. 이 기준에 따라 본사와 분공사가 속해있는 지역 정부가 세금을 나누어 가진 다음, 지역 정부 세수로 활용을 하는 것이다. 분공사가 여러 개라면 일단 본사와 분공사 전체를 50대50으로 나눈 다음 분공사끼리 다시 나누는 방식이다.

사무소

사무소 개념이 없어졌다. 한두 사람을 타 지역에 보낼 예정이라면 비용과 관리시간이 소요되므로 실무상 출장 형태로 처리를 한다. 예외적으로 사회보험 문제가 있다면 현지의 대행업체를 통하여 납부하면 되고 말이다. 단, 정식 오피스 사무실을 임대했을 때에는 현지 공상국 혹은 세무국에서 법인 설립을 하라고 압박해올 수 있다. 이 경우에는 다른 방안도 있으나 일단 이 책에서의 공식적인 추천은 비경영성(비독립결산) 분공사 설립을 추천한다. 물론 하지 않도록 버틸 만큼 버티는 게 최선이긴 하다.

1
중국의 회계·세무 직원 채용

필자도 100% 전문가는 아니다. 중국에서는 10년간 현장에서 직접 일한 경험을 공유해보고자 한다. 하루하루가 전쟁이었던 때가 있었다. 문의할 사람도 연락해볼 사람도 없는데 결정은 해야 했다. 물론 지금에 와서 생각해보면 시행착오도 많았고 배운 것도 많았던 때였다. 실무에서 부딪치는 문제는 규정이 중요하지 않을 때가 더 많다. 그렇다고 규정을 무시하면 안 된다. 규정은 알되 실무에선 어떻게 적용해야 하는가에 대한 고민을 해야 한다. 이에 관한 이야기를 해보도록 하겠다.

한국은 원하면 사장님이 직접 회계 처리와 세무신고를 해도 된다. 물론 대부분 번거롭고 시간이 많이 들어 대리업체에 맡기는 것이 유리하긴 하다. 안정성과 사장의 시간이 절약되어 더 중요한 영업, 상품 등에 집중할 수 있기 때문이다.

중국의 실무는 어렵다. 단지 외국인이라서가 아니다. 회계 자격증이 없어서다. 또한 세무신고는 세무신고 인력办税员이라고 하는 시험을 보고 합격해야 하기 때문이다. 그럼 회계, 세무 업무의 시작은 대리 업체 선정 혹은 회계, 세무 인력의 채용으로 시작하게 된다. 회계·세무를 처리할 직원은 몇 명을 채용해야 하는지, 왜 그렇게 해야 하는지, 회계·세무 직원을 채용할 때 어떤 점들을 유의해야 하는지, 직원채용 시 확인해야 하는 회계 관련 자격증은 어떤 것들이 있는지, 그리고 사장은 회계·세무 인력을 채용할 때 어떤 판단 능력이 있어야 하는지에 대한 이야기를 하고자 한다.

01 | 왜 회사는 작은데 회계 직원은 두 명이나 두어야 하지?

회사도 작은데 왜 회계 직원을 두 명이나 두어야 하나? 한 명도 벅찬데 말이다. 한 명밖에 둘 수 없는 상황이라면 그렇게 하면 된다. 단, 그에 맞는 관리 방법을 찾아야 한다.

중국인 사장님은 돈에 유독 민감하고 철저하다. 그런데 왜 회사 규모가 작은데도 회계와 출납 직원을 따로 둘까?

중국에 온 초반에는 필자도 이를 무시했었다. '한 명이면 되는 일을 두 명이서 하다니 업무 효율이 상당히 떨어지는군. 만약 나라면 효율을 높여서 적게 직원을 채용할 텐데' 하고 말이다. 그러나 이후에 이 생각이 잘못된 생각이라는 것을 알았다.

작은 법인의 책임자인 필자가 회계를 맡을 수 있으면 한 명만 채용이 가능하지만, 둘 다 신경 쓰지 않고 영업에 치중을 한다면 회계, 자금(출납) 둘 다 둘 것이다.

우리나라는 관련 규정이 없지만 중국은 회계, 출납 구분지으라는 관련 규정이 있다. 애매하긴 하지만 2000위안 이상(한화 약 35만 원 이상)의 벌금도 있다. 정부에 회계 관리 제도가 있는 것이다. 또한 선량한 사람이라도 견물생심이 생기기 마련이다. 장부 처리(회계)와 자금(출납)을 한 사람이 맡게 되면 횡령의 여지가 많다. 평범한 사람을 도둑으로 만들지 말자. 자금과 회계의 업무분장 이야기를 하고 있다.

02 | 재무 인력을 직원에게 소개해달라는 한국 사장님

중국에서 직원 채용은 참 힘들다. 급여 차이도 천양지차고 어떤 직원을 뽑아야 할지도 모르겠다. 동일하게 5년 경력인데 어떤 사람은 5000위안을 요구하고, 어떤 직원은 1만~1만 5000위안을 요구한다. 심지어 어떤 때는 능력도 비슷한데도 그렇다.

채용이 너무 힘들다 보니, 사장님이 주위의 직원들에게 재무 인력 채용을 부탁한다. 이때 중국 사장들은 어떻게 하는지 보면 좋은 참고가 된다. 일반 한국 기업과 두 가지 차이가 있다.

첫째, 직급이 낮더라도 회계 직원 채용에 사장이 직접 관여한다. 심지어 5000억 원대 자산을 가진 동사장도 계열사 일반 부서 부장급 면접은 안 가더라도 계열사 회계 과장급 채용에는 참석해 직접 면접을 본다.

둘째, 아무리 급해도 직원에게 추천하도록 하지 않는다. 회계 직원은 사장이 없을 때 사장 대신의 회사 비용을 절감하는 관리자 마인드가 있다. 이것이 성격 때문인지, 관행 때문인지는 알 수 없으나 급여에 상관없이 대부분이 그렇다.

그런 친구들이 영업, 구매, 총무 등 타 부서 사람들 추천으로 근무를 하기 시작했다는 건 그 감사 역할을 자체 포기하게 되는 것이다. 중국 회사에서는 사장이 설사 승인한 사항이라도 재무 직원이 승인하지 않으면 자금 집행이 되지 않는 경우가 비일비재하다. 영수증이 가짜라든가, 날짜에 문제가 있다든가, 결제 프로세스상 문제가 있다든가 하는 등의 이유로 말이다. 사장이 승인한 것은 문제가 없다는 가정 하에 승인을 한 것이지, 가짜 영수증인 것을 알면서 승인한 것은 아니기 때문이다. 그만큼 권한도 있고, 본인 자금처럼 관리를 한다는 이야기다. 그런데 나 대신 관리하고 감사할 수 있는 직원을 뽑을 기회를 스스로 포기하는 게 올바른 선택일까?

어떻게 할지 여부는 각 사장님들의 선택의 몫이다.

03 | 한국 기업에 취업하려는 재무 직원

능력 있는 친구들은 한국 기업에 취업하려고 하지 않는다. 소위 말해 '까라면 까야' 하기 때문이다. 그리고 재무 업무를 무시하고 규정에 어긋나는 사항에 대한 요구가 있기 때문이다. 그래서 제대로된 인력들이 한국 기업에는 몇몇 대기업을 제외하고는 많지가 않다.

그런데 이에 반해, 한국 기업에 취업하려는 중국 사람도 있다. 이런 경우는 반대로 생각하면 된다. 중국 기업에는 자격증이 없어 취직을 할 수 없는데, 한국 기업 중 일부는 자격증을 확인하지 않는다. 면접을 볼 때 굳이 자격증을 가져오라고 하지 않는다. 면접을 볼 때도 구체적인 질문은 하지 않고, 일반적인 사항들만 물어보니 자신의 부족한 실력과 경험이 드러나지 않는다. 그러니 일단 취업하기가 좋다.

게다가 한국어를 잘하면 취업하기 더 쉽다. 능력 혹은 전문적인 지식 위주가 아니라 소통 위주로 보기 때문이다. 재무는 관리와 감사의 기능을 해야 한다. 그런데 정작 본연의 업무인 관리와 감시를 하면 미움을 받지만 업무는 부족해도 상사와 잘 소통하면 승진할 수 있기 때문이다. 말 잘하는 친구는 영업이나 마케팅 인력으로도 충분하다. 재무의 본연의 업무가 무엇인지 알고, 그 본연의 업무를 실행하는 직원을 채용할 수 있는 역량을 키우도록 하자.

04 | 회계 자격증 꼭 있어야 하나?

한국은 취업할 때 회계 자격증은 필수 사항이 아니나 중국은 필수 사항이다. 심지어 법인 설립을 할 때 법인대표, 이사, 감사 그리고 재무 직원을 등록을 한다. 집행동사执行董事, 월급사장이 아닌 오너사장로 진행할 때는 이사나 총경리조차 등록할 필요가 없다. 즉 법인대표(집행동사), 감사, 회계 직원 이렇게 최소 세 명은 기본적으로 등록해야 하는 인원이다. 회계 직원을 등록하지 않고는 법인 설립이 안 된다. 그 정도로 중국에서는 중요한 위치를 차지한다. 그런 개념이 없는 한국계 기업만 재무 인력을 무시한다. 등록하는지 조차도 모르는 분도 많다. 사실 필자도 중국에 근무하기 시작한 5년 동안 몰랐던 사실이다. 법인 설립 대행업체에서 해주기 때문이다. 직접 했더라도 직원들이 알아서 했으니 관심이 없었다. 그래서 남들이 그 일을 하더라도 그 일은 알아야 한다. 그 나라에서 중요시 하는 항목들을 알 수 있기 때문이다.

혹은 한국식으로 간단히 설명하는 방법도 있다. "회계 자격증이 없는 직원을 채용하여 업무를 보게 되면 3000~5만 위안의 벌금을 납부합니다"라고 이야기하면 간단하다. 그러나 아직은 실무상 세무국에서 확인하고 벌금을 매기는 사례는 극히 드물다.

Special Point

중국 회계·세무 자격증
종류 및 조건

중국의 회계 자격증에 대해 정리해본다.

1. **회계직업자격증서-현재 자격시험 폐지(2017.11.4.)** 会计从业资格证书

    (1) 자격조건: 어느 누구나, 외국인도 가능

    (2) 시험과목: 3과목

    (회계기초, 재경법규&회계직업도덕, 초급회계전산화)

    (3) 비용: 115위안(등록비: 10위안, 각 과목 35위안×3과목)

    (4) 의미: 현재 자격증이 폐지되어 과거와 달리 회계직원의 자격증 소지 의무가 없어졌다.

2. **회계초급**初级 **자격증**

    (1) 자격조건: 엄중한 재정규율을 위반하지 않는 사람과 국가교육부문이 인가한 고등학교 졸업 이상의 학력(추후 경력 등 변동 가능성 있음)

    (2) 시험과목: 초급회계실무, 경제법기초

    (3) 의미: 과거에는 실무상 유명무실한 시험이었으나 회계직업자격증서 폐지에 따라 점차 중요성이 높아지고 있는 시험(연간 400만 명 이상 응시)

3. 회계중급中级 자격증

   (1) 자격조건: 전문대졸+5년 경력, 대졸+4년 경력, 대학원졸+2년 경력, 석사+1년 경력, 박사
   (2) 시험과목: 재무관리, 경제법, 중급회계실무
   (3) 의미: 회사의 경리급(매니저급, 과장급)이상이면 필요하다. 회사에서도 경리급 이상으로 인정해준다.

4. 회계고급高级 자격증

   (1) 자격조건: (전문)대졸+중급+5년 경력, 석사+중급+3년 경력, 박사+중급+2년 경력
   (2) 시험과목: 고급회계실무
   (3) 의미: 시험 자체는 CPA보다 쉽다고 볼 수 있으나 보통 10년 이상의 경력이 있어야 시험 자격이 주어지므로 상하이의 경우 호적취득에 유리하다. 상하이에 7년 근무하는 것이 보통 상하이호적취득의 조건이나 5년 근무하는 것만으로 상하이호적취득이 가능하다.

5. 주책회계사 CICPA, China Institute of Certified Public Accountants

   (1) 사격소서: 서무내 이상의 학력이면 응시 가능.
   (2) 시험과목: 회계, 감사, 재무원가 관리, 회사 전략 및 리스크 관리, 경제법, 세법
   (3) 의미: 한국의 공인회계사와 동일하다. 차이점이 있다면 한국처럼 공인회계사 시험을 합격해야 회계 법인에 입사할 수 있는 게 아니라 입사 후 5년 내 자격취득이 조건이다. 미국 및 다른 나라도 그렇다. 우리나라만 합격 후 입사하는 순서로 진행된다.

Cf) 영국회계사 ACCA, the Association of Chartered Certified Accountants

한국의 AICPA으로 미국 회계사가 유행이라면 중국은 ACCA 영국 회계사 자격시험이 유행이고 중국 재경대 중 제일이라는 상하이재경대 등 일부 학교는 'ACCA반'이라는 전공이 있을 정도다.

시험 관련 정보: www.chinaacc.com/congye/shanghai

2
중국의 회계·세무 일자별 업무

"도대체 회계 직원은 매일 무슨 일을 하는 거야?" 많은 사장님들이 이런 의문을 가진다. 뭘 하는지는 모르겠는데 월급을 가져가니 마음에 들지도 않고, 직접적인 도움이 되지도 않는 것 같다. 또 뭘 물어보면 그렇게 안 되는 것이 많다. 하루 종일 책상에 앉아 있는데 도대체 무슨 일이 그렇게 많아 바쁘다는 건지 모르겠다. 가끔 은행이나 세무국에 가는 것 같긴 한데, 도대체 무슨 업무를 하는지 모른다. 보통 사장님들은 회계 직원이 그냥 세무신고 하나만 하겠거니 생각한다. 회계 직원들이 무슨 일을 하는지 보면 그 회사가 보인다.

회계 직원의 업무 효율이 떨어지는 회사일수록 다음 같은 일들을 한다.

회계 직원이 다른 직원들의 비용 정산한 것들을 확인해준다. 각 직원들이 비용 정산한 것을 법인장에게 받았는데 본인들이 적은 것보다 적게 입금이 된 것 같다. 이럴 때 직원들은 세무 직원에게 하나하나 확인을 요청한다.

또한 영업이나 마케팅 담당자가 본인이 담당한 일에 대한 계약서인데 본인이 가지고 있던 것은 잃어버리고, 회계 부서에 있는 복사본을 거꾸로 요청해서 받는다.

구매, 총무 담당자들은 업체로부터 돈이 안 들어왔다고 회계 부서에 연락한다. 본인이 정리한 것을 보면 영수증을 수취했는지, 결제는 받았는지, 결제받은 다음에 회계 부서에 넘겼는지를 확인할 수 있다. 그러면 회계 부서에 확인할 업무가 50%는 줄어들 텐데 무턱대고 회계 부서로 찾아와서 확인한다. 회계 부서에서 결재서류 안 받았다고 하면, 그제야 역으로 찾기 시작한다. 결재서류가 어디 갔는지, 영수증은 어디 있는지 말이다.

매출은 영업에서 정리해야 하는 업무이다. 그런데 영업 직원은 숫자에 약하다는 핑계로 회계 직원에게 영업 관련 정리를 맡긴다. 본인이 얼마나 벌었는지 모르는 영업을 영업이라 부를 수 있는가? 이것이 본인 사업이었더라도 자신이 얼마를 벌었는지 관심 없이 모르는 체하고 있을 것인가? 의문이 든다. 여하튼 숫자에 약한 영업 직원은 영업 관련 정리를 숫자에 강한 회계 직원에게 떠넘긴다.

법인장님의 수명 업무를 대부분 도맡아 한다. 항상 사무실에 있고 다른 부서 사람들보다 꼼꼼한 것 같으니 법인장님이 항상 업무를 맡긴다.

급여는 인사팀 고유업무다. 그런데 인사팀 사람들도 숫자에 약하다고 맞는지 확인해달라고 한다. 급여를 계산하는 사람이 숫자에 약하면 일하지 말아야 하는 것 아닌가. 그나마 확인만 요청하면 다행이다. 급여 계산이 종종 틀리는 경우도 있으니 문제다.

법인장님이 영업, 마케팅, 구매, 인사 등 각 부서에 자료를 요청한다. 이들은 영업이나 마게팅 등은 잘하지만 보통 숫자부 자료를 정리하기 힘들어 한다. 대부분 별도 관리를 하지 않기 때문이다. 그럼 다시 회계팀에 자료를 요청한다.

거래 업체에서 대금 문제로 연락이 온다. 각 담당자(영업, 마케팅, 구매, 총무 등)에서 확인하고 대답을 해주면 되는데, 이것도 숫자란다. 회계팀에 직접 전화연결을 해주며 통화하도록 한다. 참고로 중국 회사들은 영업, 마케팅, 구매, 등의 담당자들이 직접 회계 쪽에 연락을 못하게끔 차단하는 경우가 많다. 업무 효율 및 내부 통제 관리 때문이다.

작은 회사는 거기다 잡다한 업무를 다한다. 그러면 정작 해야 할 회계 업무는 뒷전이 된다. 특히 총무 업무는 시간이 정말 많이 걸린다. 하는 일 없이 하루가 다가는 느낌이다. 본사, 세무국, 통계청 등에서 각종 자료가 필요하면 회계 직원에게 자료 요청을 한다. 개중에 의미가 있는 것들도 있지만 의미 없는 숫자 작업하다 하루가 다 간다.

회계 직원이 실제로 해야 하는 업무는 아래와 같다.

장부 처리, 세무신고 등은 기본사항이니 자세하게 언급하지 않도록 하겠다. 필자가 말하고자 하는 것은 신고 여부가 아니라 확인 여부다. 중요한 것은 세무신고를 했냐 안 했냐가 아니라 세금신고 납부와 다른 항목들과의 크로스체크다. 매출신고를 했으면 회사매출액과 맞는지 확인하고 만약 맞지 않으면 어떤 항목이 맞지 않는지 확인해야 한다. 증치세 세무국 인증을 받았으면 회사에서 처리한 모든 증치세 매입세액 내역과 일치하는지 확인해야 하고, 개인소득세 신고를 했으면 회사 급여 항목과 일치하는지 확인해야 한다.

필자가 아는 모 회사의 회계 직원은 백화점에 1년이 넘는 시간 동안 파견한 인력에 대한 급여신고를 하지 않았다. 이런 실수는 회사에서 급여로 처리한 내역과 세무신고한 내역을 확인하지 않았기 때문에 발생한 것이다. 누구나 실수는 할 수 있다. 그런데 실수한 것을 확인할 수 없는 방법이 없는 것이 더 큰 문제다.

회계 직원은 손익계산서의 월별 변동에 따른 이유 또한 확인해야 한다. 비용이 왜 증가했으며 왜 감소했는지 확인하다보면 직원들 급여 지급 내역에 오류가 발견되기도 하고 회계 처리의 실수가 보이기도 한다.

　자산부채표의 모든 자산 항목과 부채 항목을 업체별로 상세하고 관리한다. 외상매출의 입금 날짜가 지났으면 영업에 입금요청을 하고, 일반 미수금이 있다면 관련 부서에 확인하고, 가불이 처리되지 않았으면 관련 직원들에게 확인을 한다. 또한 기타 자산이나 부채에 대한 상세 항목도 확인하고 조정한다.

　자산내역을 상세하게 등록하고 주어야 할 돈에서 돈이 나가지 않은 것들을 확인해본다.

Special Point

일자별 회계·세무신고 관리 사항

- 매일 업무: 자금일보(매일), 비용결제, 꽁장(법인 인감) 날인 리스트, 고용계약(입사 한 달 내)
- 30일(월말): 신규 입사자 사회보험 추가(날짜 확인), 계약에 대한 인지세 납부
- 8일쯤(재무 마감): 손익계산서, 대차대조표 확인
- 10일쯤(급여일): 급여지급(개인소득세, 사회보험회사/개인납부분 등 확인)
- 10일쯤(두 번째 재무마감): 손익계산서 전월 증감내역
- 자산·부채별 상세리스트 작성, 자산 현황
- 받을 돈(외상매출금/미수금), 줄 돈(외상매입금, 미지급금) 상세 내역 관리

특히 받을 돈 리스트 관리는 너무나 중요하다.

당연한 것이 아니냐고 할 수도 있으나 직원들에게 상세내역 달라고 하면 답이 나온다. 중소기업 3년 넘은 기업들을 보면 크고 작은 문제들이 있는 법인은 50%가 넘는다. 10%는 심각하다고 보면 된다.

대기업 기준이 아니라 중소기업 위주로 적은 회계·세무신고 관리 사항이니 참고하시길 바란다. 필자가 보기에 이 정도는 과한 것이 아니라

기본이다. 만약 당신의 기업이 한눈에 비용구조를 파악할 수 있고 고객사로부터 매월 정확하게 입금이 되는 2~3인 이하의 작은 기업이라고 하자. 그렇다면 위 사항 중 고정자산 현황 혹은 받을 돈, 줄 돈 리스트 관리 등 일부분은 무시하셔도 된다.

    필자가 15년 동안 재무·회계 업무를 해보니 대기업이든 중소기업이든 공통점으로 필요한 것이 하나 있다. 받을 돈 리스트(가불 포함)는 자세하게 관리하면 할수록 좋다는 것이다. 법인장님들이 본인 회사들은 당연히 관리되고 있다고 오해를 많이 하는 부분이기도 하고, 실제로 관리가 잘 안 되고 있는 부분이다.

3

회계 · 세무 관리는 어떻게 하는가?

많은 사장님들이 회계, 세무 때문에 골치가 아프다고 말한다. 뭔가 정리가 안 된 것 같아 답답한데 뭔지 모르겠다고 그리고 정리 좀 했으면 좋겠다고 말이다. 그런데 가까이서 보면 말로만 관심이 많고 실행되는 것은 하나도 없다. 대부분의 사고는 무관심과 무소통에서 일어난다.

예를 들면, 우리 회사 자산과 부채가 얼마인지 누구에게 받아야 하고 누구에게 주어야 하는지 관심을 가져야 한다는 말이다. 너무 당연한 말을 하는 것 같지만, 실제로 이런 기본을 무시하는 회사가 부지기수다. 사장인 내가 관심이 없는데 정리가 깔끔하게 되어 있을 리 없다. 아직 정리가 되어 있지 않다면 지금이라도 관심을 가지고 정리해 나가야 한다.

회계장부를 보았다면, 몇 가지 의문점이 있었을 것이다.

'고정자산이 왜 이렇게 적지? 인테리어한 것도 있고, 지난번 구입한 사무용 집기도 있는데 왜 다 적혀 있지 않은 거지? 받을 돈이 별로 없을 텐데, 회사미수금은 어떻게 100만 위안이 넘는 거야? 세금계산서 발행하고 고객으로부터 내금 대부분 받았는데, 왜 아직도 외상 매출이라고 된 금액이 이렇게 많지? 장기 선급비용이라는 항목이 있는데, 이건 도대체 뭐지? 회사에서 자본금을 넣기 전에 사용한 돈이 있는데, 그 돈은 어떻게 처리되는 거지? 회사 입장에서는 줄 돈인가? 아니면 그냥 내가 기증한 걸로 된 거야?'

대부분은 그냥 회사가 작으니 오가는 금액이 적고 몇 안 되는 거래처도 사장인 본인이 다 알고 있기 때문에 어려운 회계장부를 굳이 다시 볼 필요가 없다고 생각한다. 이러다 문제가 발생한다.

다시 한 번 말하지만 대기업은 사장 대신 봐줄 재무팀장이 있어 관심을 덜 가져도 된다. 그러나 중소기업은 아니다. 그런 인력 채용하면 간단하지만 사실 규모에 비해 과할 수 있다. 즉 채용할 여건과 여력이 되지 않는다.

게다가 지원 인력은 당장 매출에 도움이 되지 않아 절약하는 비용 중에 하나다. 즉 월급 10만~20만 원 아끼려고 자격증 없거나 자질이 부족한 친구를 채용하여 1000만~5000만 원 손해 보는 일이 발생한다. 그럼 어쩌겠는가? 내가 관심을 가지는 수밖에 없다. 영업에 할애할 시간에 100분의1 정도만 신경썼으면 손해보지 않았을 돈이다. 다 이긴 야구경기를 마무리를 못하면 패하는 것처럼 마무리(세무신고, 회계 처리)를 제대로 하지 못해 줄줄 세는 돈이 없게끔 처리하시기를 바란다.

재무 직원과는 대화하기가 여간 어려운 게 아니다. 한국어로 된 재무 용어도 쉽지 않은데, 게다가 중국어로 된 재무 용어다. 또 회계 직원들은 소통할 때 상대방을 배려해주지 않는다.

반대로 생각해보자. 중국인 회계 직원들도 한국인 사장이 어렵다. 문제가 생겼을 때 보고도 하고 지시를 받아야 하는데 도대체 이야기해도 알아듣는 것 같지 않다. 못 알아 들은 것 같은데 보고하면 화부터 낸다. 못 알아 들으니 해결 방안도 명확한 업무 지시도 없다. 그럼 회계 직원 입장에서는 어떡하겠는가? 그냥 알아서 처리하기도 하지만 당장 문제가 터지지 않는 것들은 처리하지 않고 묻어두기도 한다. 회계 담당인 내가 의사결정을 하면 내가 책임져야 하지만 아무것도 하지 않으면 책임지는 사항은 없기 때문이다. 게다가 이런 회사는 오래 다닐 것 같지도 않다. 그럼 당장 문제 되는 것들만 하고 6개월 후에나 문제가 발생하는 것들은 묻어두게 되는 것이다.

01 | 안 된다고만 하는 재무 직원 활용법

뭘 물어보면 그렇게 안 된다는 게 정말 많다. 그 이유는 두 가지다. 일단 된다고 하는 순간 리스크는 내 앞으로 온다. 또한 된다고 하는 순간 일이 늘어난다. 재무 직원 입장에서 좋을 게 없다. 그냥 의미 없는 일이 늘어나는 것뿐이다. 그래서 팀장 혹은 사장님 입장에서는 왜 안 되는지 소통을 시작해야 한다. 공격하는 느낌이 들기 시작하면 방어하느라 원래의 목적은 잃어버리고 말싸움이 되어 버린다. 추궁하듯이 되냐, 안 되냐를 따지면 90%는 안 된다는 답변이 나온다. 시간이 들더라도 중요한 사항이라면 상황 설명을 잘 해주어야 한다. 그리고 무턱대고 가능 여부를 묻기보다 어떻게 해결하면 되겠냐는 질문으로 바꾸어야 한다. 그럼 그 방향으로 생각의 전환을 할 수가 있다.

무턱대고 되냐, 안 되냐를 묻는 질문은 리스크에 민감한 재무 직원에게 '네가 된다고 했는데 만약에 진행하다 안 되게 되면 네가 책임져'라고 말하는 것 같은 위압감을 준다. 특히 중국에서는 아무리 작은 일이라도 항상 리스크가 함께 한다. 그럼 답은 당연히 '안 된다'이다. 그래서 '어떤 사항들이 리스크가 있고, 그 리스크들을 어떻게 해결하는 게 좋을까?' 하고 물으면서 여러 직원들의 지혜를 모아야 한다는 말이다.

중국 진출 초기, 법률 관련 문제는 법무법인에서 법률 검토를 진행했다. 사업이 확장되니 법률 검토 업무가 늘었다. 그때그때 확인하고 2~3일 기다렸다 시행할 시간적 여유도 없었고, 업무 효율이 상당히 떨어졌다. 결국 변호사 한 명을 채용하고, 사내 리스크 관리 및 법률 검토를 진행했다. 이 경우도 마찬가지다. 법률적으로 보면 다 안 되는 것 투성이다. 당시 중국에서 사업하는 것 자체가 리스크 덩어리였기 때문에, 이렇게 보면 처음부터 사업을 하지 말았어야 했다.

그러니 질문의 방향을 바꿔야 했다. 리스크가 있는 것을 뻔히 아는데, 리스크가 있는지 여부를 문의하면 안 된다. 어떤 리스크가 가장 적은지 확인해야 한다. 그리고 현재 선택할 수 있는 방법 중 안전한 방법이 어떤 것인지 문의해야 한다.

재무도 마찬가지다. 1년 동안 어렵게 개발해서 계약을 진행했는데, 보증금 납부에서 막혔다. 리스크가 있으니 보증금을 납부하지 말고 1년간 노력한 것을 물거품으로 만들어야 할까? 실계약대로 진행하니 송금이 안 된다.

무형자산으로 송금하자니 무형자산 관련 등록을 해야 한단다. 등록하기 전엔 정상 송금이 안 된다. 법인 설립이 완료되지 않아 중국 내 업체에 인테리어 설계, 공사대금 등을 송금을 할 수가 없다. 중국은 기업 간 대출이 안 되고 대납도 안 된다. 자본금을 송금할 때까지 기다려야 할까?

중국에서 리스크가 없는 경우는 없다. 대부분은 차선을 선택한다. '리스크는 내가 질 테니, 당신(재무, 법무 직원)은 정확한 정보만 제공해주고, 가장 좋은 차선책을 알려줘'라고 하는 것이 현명한 방법이다.

02 | 사장이 보아야 할 회계·세무 업무

먼저 담당자가 무슨 업무를 하고 있으며 무엇을 도와주어야 할지 확인해야 한다.

회계 직원들이 일자별로 하는 업무(144~145쪽 Special Point 참조)를 이해하고 있어야 하며, 효율을 떨어뜨리는 업무는 없는지 확인해야 한다. 이를 확인하면 타 부서의 업무 태도, 업무 역량은 덤으로 보인다. 재무 직원을 사장 대신으로 활용할 것인가 혹은 장부 정리하는 인력으로 전락시켜 활용할 것인가는 사장의 재량과 태도에 달려있다. 재무 직원의 업무 능력 및 태도에 달려 있지 않다는 점을 다시 강조하고 싶다.

그리고 업무에 관한 일을 자주 물어봐야 한다. 보통 중국 직원들은 작은 잘못들은 잘 보고하지 않는다. 잘못을 보고 한다는 건 본인의 무능을 스스로 보고한다는 뜻으로 인지하고 있으며, 습관도 되어 있지 않다. 그럼에도 보고했다는 건 회계담당직원이 본인이 느끼기에 혼자 해결할 수준이 아니라고 생각했다는 뜻이다. 사실상 늦었을 때가 대부분이다. 그래서 평소에 자주 농담하듯이 물어봐야 한다. 요새 어떤 업무로 바쁘고, 어떤 업무 때문에 골치가 아픈지, 사장인 내가 무얼 도와주어야 할지 말이다. 다시 한 번 말하지만 회계 직원의 업무는 단지 회계 직원의 업무만이 아니다. 회사에서 발생한 모든 업무를 최종적으로 정리하는 마지막 관문인 것이다.

03 | 회계 업무, 직원을 채용할까? 외주로 할까?

규모, 관리 가능 여부, 비용, 효율을 고려해야 한다. 일단 제조 업체, 유통, 매출액 100억 원 이상(장비무역은 제외) 혹은 직원 20명 이상의 경우에는 회계 직원을 별도로 채용하는 게 맞지 않을까 한다. 20명 이상의 규모면, 회계, 세무가 아니라 관리의 문제다. 중국인이 운영한다 해도 관리가 쉽지 않은 상황에서 외국인이 여기저기서 발생하는 관리 문제를 다 해결할 수가 없다. 즉 회계 처리 혹은 세무신고만 하는 직원이 아니라 관리 마인드가 있는 직원을 채용해야 한다. 회계 장부 처리 혹은 세무신고로 버벅대는 직원 수준으로는 곤란하다는 이야기다. 직원도 직원 나름, 외주도 외주 나름이다.

법인 설립 대행을 해주고 있는 지인의 회사가 있다. 기존에 법인이 있었는데, 한국에 별도의 사정이 있어서 추가로 법인 설립을 진행 중이다. 한 지인의 회사는 타 대행업체를 통해 법인 설립을 했고, 그 대행업체를 통해 대리기장을 처리하고 있다. 현황은 다음과 같다.

- 처리한 장부를 보내주지 않는다. 몇 달이 지나 서야 겨우 보내준다. 도대체 세금신고를 했는지 안 했는지를 모른다.
- 손익계산서, 대차대조표의 숫자만 있다. 즉 세무신고 내역과 상세한 자료가 하나도 없다.
- 세무 관련 문제가 있을 때 나몰라라 한다.
- 매출 증가에 따라 대리 비용은 두 배 올랐으나 하는 업무나 서비스는 그대로다.
- 증치세 매입세액 공제 내역이 없다. 앞에서 몇 번 언급했듯 매입세액 공제 못 받으면 몇백만 원이 손해가 날 수 있는데, 관련 사항에 대한 공유가 없다.

직원을 채용하든 외주를 쓰든지 똑같다는 말이다. 아니, 외주를 선정하는 능력이 약하면 고스란히 관련 리스크를 부담하게 된다.

외주 업체 활용했을 때는 어떤 장점과 단점이 있을까? 구체적으로 정리해보겠다.

첫째, 한 업체가 아니라 여러 업체를 하다 보니, 세무신고, 회계 처리에 대한 기본은 잘한다. 회계 직원을 잘못 만나 장부 처리가 엉망이 되는 리스크는 적다. 단 그 수준은 세무신고를 위한 사항이지 재무관리를 위한 사항은 아니다.

둘째, 세무신고 전문가이다. 세무신고 자체는 직원 채용한 것보다는 안전하다고 볼 수 있다. 기본 절세도 잘한다. 단, 회사의 비즈니스 모델에 대한 이해도를 바탕으로 한 절세 방법을 찾는 점은 약하다.

셋째, 한국인 사장님은 외국인에 중국어도 약하고 세무에 대한 이해도가 부족할 경우가 많다. 이럴 때 사장인 내가 별도 관리를 하지 않아도 된다. 업무 효율이 좋다. 가장 큰 장점이다. 단 회사가 장기적으로 성장할 경우에는 회계, 세무 관련 내부 역량이 쌓이지 않는다. 회사가 성장한다면 언젠가는 독립을 준비해야 한다.

넷째, 업무분장이 가능하다. 회계와 출납을 두 명 채용하기 부담스러울 때 출납은 직원이, 회계는 업체를 활용하니 업무분장으로 인한 리스크가 줄어든다. 단, 업체 선정 권한이 출납에게 있다면 무용지물이다.

다섯째, 업무 범위에 따라 다르겠으나 관리 기능 없이 회계 처리, 세무신고만 한다면 비용이 저렴하다. 직접 채용하는 것보다 3~4배 저렴하다. 단, 10~20여 개 업체 중 하나이므로 신경을 덜 쓸 수밖에 없고, 종종 실수도 있게 마련이다.

여섯째, 외주 업체를 다양한 회사와 일한 경험이 있어 사례가 많이 쌓여 있다. 그래서 세무 상담하기가 좋다. 단, 고객에 대한 서비스 수준과 역량에 따라 상담 수준에 한계가 있다.

04 | 사장인 내 급여 어디서, 얼마나 받을까?

개인 투자자를 만나게 되면 고민하게 되는 사항 중 하나다. 급여를 한국에서 받는 게 좋을까? 중국에서 받는 게 좋을까? 종종 홍콩에서 받을까 고민을 하시는 분도 계시다. 중국은 다른 국가보다 개인소득세 세율이 높아 어느 곳에서 받는 게 소득세가 적을까 고민하는 것이다.

필자가 몇 년 전 난징에서 근무할 때였다. 대기업인 L사를 제외한 대부분의 1차, 2차, 3차 벤더들의 주재원들은 급여를 한국과 중국으로 나누어 받았다. 한국에서는 전체 월급의 50%, 중국에서는 전체 월급의 50%와 복리후생으로 집값, 자녀학자금 등이 포함되었다. 중국에서 100% 받는 것보다 50대50으로 나눌 때 절세되는 금액이 무려 월 80만 원이다. 사회보험 제외하고 개인소득세 절세만 그렇다는 것이다. 중국에 내야 하는 세금을 1000만 원을 안 내고 개인이 가져가는 거니 대부분 그렇게 처리했던 것이다. 몇 년이 지난 아직도 자취는 남아 있다. 이건 급여소득자 이야기고, 그럼 개인 사장들은 얼마를 받는 것이 합리적일까? 사실 답은 없다.

일단 원칙은 어디서 근무하느냐를 먼저 따져봐야 할 것 같고, 지금은 중국에서의 내용이니, 대부분은 중국이 실질적인 급여지다. 그럼 한국에서 급여를 받든, 중국에서 급여를 받든 모두 중국에서 합산해서 납부해야 하는 게 원칙이다. 한중 상호 정보 공유를 시작했기 때문이다. 그럼 외국인 개인소득세 면세 항목은 최대한으로 활용하되, 급여는 회사의 흑자, 적자 규모에 따라 정해 납부하면 어떨까 싶다. 첫 투자한 1~2년은 적자 법인인데 굳이 개인소득세를 많이 납부할 필요는 없을 것 같다. 최소한으로 설정하고, 회사 영업 상황에 따라 계속 올려 받으면 되지 않을까 한다.

05 | 한국으로 해외 송금하는 방법

중국에서 한국으로 송금하는 것들은 당연히 실질에 근거해야 한다. 하지만 여기서는 반대로 생각을 해보겠다. 중국에서 한국으로 송금할 수 있는 항목은 어떠한 것들이 있는지 말이다.

첫째, 배당이다. 중국에서 사업을 잘해서 이익이 생겼을 때 한국 본사(투자자)로 송금하는 방법이다. 이것도 말하지면 출구 중에 하나이긴 하다. 물론 가장 느리다. 투자를 하고, 사업을 운영하여 이익이 발생해야 하고, 이익의 일정 부분을 보류(10%)하고 그다음에야 배당이 가능하기 때문이다. 그리고 업무 자체가 오래 걸린다. 보통 4~6개월 소요된다. 아주 한참 전에 이야기지만 배당이 힘든 시기가 있었다. 한 20여 년 전인 것 같다. 15년 전부터는 확실히 가능했었으니 말이다.

단, 배당을 할 때는 중국에 세금을 납부한 다음에야 송금이 가능하다. 원천징수라고 하는 것들인데, 한국 투자자 지분이 25% 이상일 경우에는 5%만 세금을 납부하고, 25% 미만일 경우에는 10%만 세금을 납부하고 송금을 한다. 납부한 5% 혹은 10%조차 한중이중과세납부방지 조약으로 한국에서 대부분 공제가 가능하긴 하다.

둘째, 컨설팅 용역이다. 사실 중국에 법인에 투자하더라도 보이지 않게 한국 본사에서 많은 지원을 한다. 출장 지원, 노하우 지원 등 말이다. 한국도 땅 파서 사업하진 않는다. 지원해줄 사람을 보내 노하우를 공유했으면 당연히 대가를 치루어야 한다. 그래서 계열사이긴 하지만 중국 법인과 한국법인이 용역계약을 체결하여 중국 법인이 한국법인에 용역료를 지급한다. 일명 컨설팅 비용을 지급하는 것이다. 물론 계열사끼리의 거래니 중국 세무당국에서 주의를 기울이긴 할 것이다. 이익을 줄이기 위해 존재하지도 않는 용역계약을 체결할까 봐 말이다. 하여간 합리성과 실질성이 인정이 되면 중국에서 한국으로 송금이 가능하다. 과거에는 용역컨설팅이 영업세 항목이라 그룹 전체에서 보면 5%라는 세금이 낭비였지만 지금이야 6% 증치세 항목으로 6% 세금은 떼고 송금하나, 중국 법인에서 다시 증치세 매입세액공제를 받으니 그룹 전체에서 보면 손해 볼 게 없다. 즉 낭비되는 금액이 없다는 뜻이다. 증치세 개혁 후 가장 합리적이고, 가장 세금 낭비가 없는 송금 방법이다.

셋째, 상표로열티를 통한 방법이다. 한때 기술사용료라는 명목으로 시도했으나 잘 되지 않았다. 명목이 약하기 때문이다. 기술이란 걸 증명해야 하고 금액의 적정성을 증명해야 하기 때문이다. 그 기술을 어떻게 금액으로 환산한단 말인가? 실무상 난제였다. 그러나 위의 용역컨설팅은 일하는 사람들의 시간이라는 부분이, 상표로열티는 상표 등록이라는 자산 형태로 존재하기 때문에 가능은 하다. 상표허여계약 등록을 해야 하므로 실무상 6개월 이상 소요되어 가능은 하지만 많이 사용하지 않는 송금 방법이다.

　이전 직장에서 한 중국 회사와 합자로 진행을 하기로 했다. 그 합자 회사에 우리 한국 본사의 상표와 노하우를 주고 매출액의 일정 부분을 로열티로 받기로 합자계약이 되어 있었다. 5년 동안 지속해서 시행하려고 노력했으나 자체적으로 누가 상표권을 가져갈 것인지 의사결정이 지연되어 결국 시행하지 못했다. 결국 용역으로 송금을 진행하였다. 그나마도 중국 파트너 사가 아쉬워하는 부분이 있어 겨우 용역으로 변경하여 진행하였다. 그나마 용역으로 진행하지 않았으면 지금까지 받았을지 미지수다.

　넷째, 무역 관련 송금이다. 물론 관세·부가세가 추가되므로 무역 송금에 마진을 더할 경우 배보다 배꼽이 더 큰 사항이라 무역 송금으로 마진을 추가하여 자금을 회수하는 것은 별로 좋은 방법이 아니다. 그러나 예외가 있긴 하다. 난징에는 몇 년 전만 해도 LCD가 장려사업이었다. 또한 대부분 수출이 되어 관세, 증치세 모두 면세였다. 그럼 한국의 원재료에 마진을 추가해도 낭비되는 항목들이 하나도 없었다. 이런 상황을 활용하여 최대 마진을 40%까지 붙여서 한국 본사로 이익금을 이전하였다. 투자금이 20억 원이었는데, 한해 이윤 이전만 20억 원이 넘었다. 즉 투자회수기간Payback이 1년인 극한 호황기였다. 또한 무역 거래는 이전 가격에 대해 자유로운 상황이라 별도의 비용 없이 한국으로 송금한 드문 케이스였다.

06 | 홍콩에 법인 설립하면 어떨까?

사람들이 흔히 말하는, 혹은 블로그에 적혀 있는 홍콩에 법인 설립하는 방법을 다음에 적어본다.

- 법인 설립이 용이
- 한국에서 외상투자하는 것보다 홍콩에서 외상투자하는 것이 유리
- 간편 조세제도
- 낮은 세율 16.5%
- 카드발급 가능, 전 세계 사용 가능
- 세계적인 은행 시스템
- 홍콩과 중국 거래 시 소득 전환 가능
- 법인 설립 후 자본금을 납부하지 않아도 됨

무슨 소리를 하는지 모르겠다. 필자도 블로그를 하고 있긴 하지만, 블로그를 보지 말라고 한다. 법인 설립이 쉽다고 하니 설립하고, 카드 발급이 가능하고 세계적인 은행 시스템이 있어서 미리 홍콩에 법인 설립하면 좋다고 하는 게 말이 되는가? 한국에서 외상투자하는 것보다 홍콩에서 투자하는 게 조금이라도 편리해서, 법인 설립 후에 자본금 납부하지 않아도 되니 홍콩에 법인 설립을 하란다. 법인 설립을 자본금 납부 적게 해도 되니 법인 설립을 한다? 주객전도가 돼도 한참 전도되었다.

이런 말에 귀 기울이지 말아야 한다. 만약 홍콩에 법인 설립을 해야 한다면 다음 세 가지 이유 중 하나다.

첫째, 탈세. 한국에서 중국으로 바로 수출이 되면 한국이든 중국이

든 소득이 발생한다. 수출단가가 낮으면 중국에 소득이 많이 발생할 것이고, 수출단가가 높으면 한국에 소득이 많이 발생한다. 즉 어디든 소득이 발생한다. 물론 소득이 있는 곳에 세금이 있고 말이다. 그럼 홍콩은 어떤가? 중간에 한 단계 거치면서 홍콩에 소득이 생긴다. 즉 한국에서 홍콩으로는 낮은 단가로 홍콩에서 중국으로 수출할 땐 높은 단가로. 그럼 한국도 중국도 소득이 생기지 않는다. 그럼 홍콩은 어떻게 하냐고? 그건 모르는 척 하겠다. 홍콩은 이익이 생겨도 흡수할 수 있는 능력이 있다고 할밖에. 이런 이야기는 길어서 좋을 게 없으니 여기까지만 하겠다.

둘째, 자금 조달(IPO 포함). 2014년 홍콩을 통하여 중국에 투자를 했다. 일부러 그런 건 아닌데 하다 보니, 자금에 여유가 생겼다. 홍콩에서 2%로 조달한 자금을 중국의 은행에 예금을 했더니 4% 예금금리 그것도 아무 때나 찾을 수 있는 은행의 원금보장 상품이었다. 즉 리스크 없는 마진이 생긴 것이다. 아무것도 하지 않고 2%의 마진, 즉 약 1억 원을 챙겼다. 우리가 국제은행이 되어버린 꼴이다. 홍콩에서 대출받아 중국에 있는 은행에 예금을 하게 되어 버렸으니 말이다. 이걸 말하려는 것은 아니고 홍콩은 조달금리가 저렴하다. 그래서 중국에 있는 법인들도 홍콩에 법인을 설립하여 자금 조달을 진행한다. 중국 정부 정책도 한몫한다. 중국의 은행에서는 대출이 만기되면 자동 연장이 되지 않는다. 반드시 그 금액을 갚아야 한다. 그다음 다시 대출이다. 그리고 연장 여부도 불투명하다. 그러니 기업들이 불안해서 업무를 보겠는가? 중국의 사장들이 자금은 항상 챙기고 중시 여기는 항목인 이유이기도 하다. 그래서 중국 법인들이 홍콩행을 많이 하게 된 이유다. 재미있는 건 만기에 반드시 상환해야 하니 그 틈을 보고 신종 대부업이 생겼다. 3~5일간 만기차를 활용해 대출해주는 상품인 것이다. 이자율은 연간 100% 수준이다. 정확히는 하루에 0.3%이다. 일자별로 계산이 된다. 한 로컬(중국) 기장대리 업체를 만났다 우연히 들은 말이다. 해당 업무를 5년 이상 했다는데 아무리 사장이라도 그렇지 회계, 세무 업무를 너무 몰랐다. 필자가 의아해하고 있으니, 말해줬다. 기장대리 혹은 법인 설립 업무는 회사와 연결이 되기 위한 목적이고 실질적인 돈벌이는 대부업이라고 말이다.

셋째, 홍콩에 법인 설립하는 유일한 사업적인 목적이다. CEPA 활용한 중국 진출 말이다. 즉 중국의 제한 산업으로 혹은 금지 산업일 때, 홍콩에 법인 설립 후 중국에 투자하게 되면 중국에 100% 독자법인 설립이 가능하다. 유일하게 비즈니스적인 목적이다.

07 | 직접 경험한 보조금, 절세, 비용절감 사례

절세, 보조금을 한꺼번에 정리해본다. 정리하다 보니 위에서 중간 중간 언급된 사항들도 있을 듯하다. 그래도 전반적으로 정리해본다.

정부보조금 13억 원 취득

정부보조금의 종류가 여러 가지이다. 임차 보조금, 인테리어 보조금, 관리자 보조금, 납부한 세금에 대한 보조금 등이 있다.

임차 보조금은 본인들 동네 와서 고맙다고 임차보조금을 지원해준다. 3년간 임차료의 30% 지원이다. 최대 8위안/일/m^2 기준이다.

즉 1,000m^2(한도) × 8위안 × 30%(한도) × 365일 × 3년 = 260만 위안(한화 약 4억 5000만 원). 참! 당시 상하이임에도 너무 저렴한 임차료를 얻어서 3.2위안/일/m^2이었다. 그래서 자연히 보조금도 감소되어 4억 5000만 원이 아니라 1억 8000만 원만 보조금을 수취했다.

인테리어 보조금은 이사 왔으면 인테리어도 해야 하니 이것도 보조금 성격으로 지원한다. 50만 위안(약 8400만 원)이다.

관리자 보조금은 임원급에 대해서도 지원해준다. 인당 5만 위안씩 최대 아홉 명까지다. 물론 우린 내 이름 포함 아홉 명을 채워서 다 넣었다. 45만 위안(7600만 원) 물론 그 이름 넣은 사람에 대한 혜택은 없다. 말만 관리자보조금이지 회사보조금이다.

납부한 세금에 대한 보조금은 별도로 언급하겠지만 중국은 세금을 납부하면 중앙 : 성 : 구(시)정부 이렇게 세수를 나눈다. 구 정부에 해당하는 부분의 50%를 돌려준다. 원래는 50%였는데 우리는 추가 협의에 성공하여 5%를 더 얻어내었다. 한 달 더 걸렸다. 우리 중국 직원 남당사는 징부 관계자에게 10~20만 위안 징도 주면, 55%가 아니라 80%까지도 가능했을 텐데 하고 아쉬워한다. 정직을 강조하는 우리 기업문화는 그게 아니라며 달랬다. 600만 위안(한화 10억 원) 예상했다. 그 뒤로도 계속 있으니 더 많아질 수도 있다. 당시 계산 기준이다.

S/W 투자(R&D투자) 관련 15억 원 절세

소프트웨어 개발에 투자하는 경우 비용 인정을 1.5배로 해주겠다는 것이다. 즉 절세금액은 R&D 투자금액의 50% × 25%(법인세) 이니

12.5%만큼 절세가 되는 것이다. 당시 투자금액이 120억 원이었으니 순수 절세금액만 15억 원이다. 즉 15억 원 만큼 세금을 적게 내게 되었다. 세무국과 기술국의 확인을 받아야 하는 사항이다. 필자가 퇴사 전에 기본 협의는 했고, 마무리는 필자가 퇴사한 후 진행되어 완료된 사항이었다. 중국은 시작은 쉽고, 마무리는 어렵다. 시작이 10이라면 마무리는 90으로 더 어렵고 중요하니, 마무리한 사람이 잘한 것이다.

증치세 면세 연간 4억 5000만 원(2년간 8억 원)

연간 1회 정기적으로 진행하는 회계 법인 세무설명회에 참석했다. 중국 정부 입장에서 보았을 때, 중국 기업들이 부족한 것중 하나가 컨설팅업이고, 해외에 컨설팅 비용으로 천문학적 비용이 나가니 지원책을 마련했다. 즉 중국 내의 기업이 해외기업을 대상으로 컨설팅을 해줄 경우 증치세(부가세)를 면세해주겠다는 새로운 규정이었다. 이 규정의 혜택을 받는데 2년 6개월이 걸렸다. 사실은 안 되는 거였다. 취지가 중국에 있는 기업에 외국 기업을 대상으로 컨설팅을 해주는 것이었는데, 당시 회사는 컨설팅이 아니라 사실 본사 대신 관리를 해주고 받는 관리대행 개념으로 자회사에 주는 개념이었다. 세무국도 관리와 컨설팅이 섞여있는 것으로 알고 있어, 금액을 나누어달라 했는데, 3개월의 끈질긴 설득 끝에 100% 다 받았다. 평소 지속적으로 관리한 세무담당자와의 관계도 일부 도움이 되었으리라. 법이 발효되는 2013년 1월분부터 진행을 했으니 늦게 되었으나 지원받는 금액에는 차이는 없었다.

세무국 담당자를 통해 들으니 중국에서 처음인지는 모르겠으나 상하이 첫 케이스란다. 그래서 2년 넘게 소요되었고 말이다. 중국은 규정이 있다하더라도 예규가 없다. 업무를 진행하는 동안 예규 및 매뉴얼을 만들면서 정부 상위부서로 이동하며 결제를 받아야 한다. 규정이 생긴것과 실제 진행은 상당히 다르다는 것이다. 세무국 담당에서 세무국 과장으로 다시 세무국 과장에서 해당 구 세무국장으로 시 세무국 까지 말이다. 물론 상하이 처음인지 중국 처음인지는 확인할 길은 없다. 우리는 다른 회사 케이스는 볼 수가 없으니 말이다. 하여간 시간은 걸렸어도 케이스를 만드는 즐거움으로 가득한 날들이었다.

법인세 연간 3억 4000만 원 절세

절세라고 해야 할지 실수를 만회했다고 해야 할지 좀 애매한 측면이 있다. 하여간 입사 전부터 처리하던 기준으로 외국인에 대해 주택보조금과 자녀학자금을 복리후생으로 처리했다. 중국의 세무에서는 복리후생비는 급여총액의 14%를 초과하는 금액은 세무상 비용 인정을 받을 수 없다. 즉 14%넘는 금액만큼은 넘는 금액의 25%의 세금을 더 내야 하는 말이다. 당시 복리후생비는 급여총액의 14%가 아니라 30%에 육박했다. 16%에 해당하는 금액의 25%인 3억 4000만 원의 세금을 더 납부하게 되었다. 세무국 담당자에게 조언을 구하고, 식사도 했더니, 세무국 내에서는 말을 못하니 밖에서 따로 만나자고 했다. 그런 조언을 주게 되면 그만큼 세금을 적게 납부하게 되니 세무국 담당자인 그로선 세무국에 반하는 일을 하는 것이었을 것이다. 세무국 담당자가 바뀌면 그 또한 문제가 될 수 있기 때문에 그 조언대로 하지는 못했다.

세무국 담당자의 조언은 외국인의 집값보조에 대해 일반관리비의 임차료 계정을 사용하라는 조언이었다. 중국에 진출한 의류업체 H&M에서도 그렇게 한다고 말이다. 근데 그건 정확한 처리도 아닐뿐더러 추후 문제의 소지가 있었다. 그래서 제대로 하기로 했다. 복리후생비 개념이지만 급여로 처리했다. 급여로 처리했지만 비과세 급여로 처리한 것이다. 한국과 달리, 중국은 개인소득세 면세 항목이 거의 없다고 보면 된다. 단, 외국인에 대해서만 일부 있다. 이때 고용계약서에 명확하게 나타내야 했다. 외국인에 대한 회사의 고용계약서를 소급적용하여 모두 바꾸었다. 절세 금액은 3억 4000만 원이다. 그것도 매년 절세가 되는 금액이 말이다. 이것은 그중에서 가장 적은 시간이 소요되어 정리한 사항으로 6개월 소요되었다.

신용카드 수수료 연간 5억 원 절감

중국은 신용카드 수수료는 자율적으로 정할 수 없고, 발전개혁위원회의 통지로 결정된다. 그러니 수수료율은 협의의 대상이 아니고 당연히 협의는 있을 수 없다고 생각했다. 우리나라처럼 이해관계자끼리 작당하지 않는다. 말로는 수수료를 낮추어 놓고 실제로는 약자에게 이런저런 명목으로 더 받는 게 중국은 없다.

신용카드 수수료 절감하게 된 비결은 비딩이다. 은행을 모아놓고 비딩할 규모는 안 되고, 각 은행을 찾아다니며 비딩이라고 언급을 한 다음 정말 비딩 개념으로 진행한다. 그러면 당시 회사와의 거래에 관심 있는 지점장은 은행 총 본사의 추가 확인을 받고 본인 권한을 넘는 혜택을 준다. 해당 성의 주거래 은행으로 해준다는 것(이건 진짜다)

과 추후 5~6개의 법인 설립이 확정되었고, 지속 개발로 인하여 몇 개 일지는 모른다고 과장이 섞인 말을 좀 했다. 법인당 한화 40억 원 매출 정도의 규모로 보면 신용카드 사용률이 당시 40%였으니 법인당 신용카드 결제금액이 16억 원 정도라고 보면 될 것 같다. 사실 은행 입장에서는 큰 규모는 아니나 앞으로의 성장 가능성으로 매력 있게 보이게 했고, 은행지점장 입장에서 좋게 말하면 체면을 살려준 것이다.

중국은 발전개혁위원회에서 신용카드 수수료를 강제로 확정해버린다. 당시 마트는 0.5%, 극장은 1.0%, 식당 및 일반은 2%. 이걸 마트기준으로 바꾸어주는 것이다. 가능한 곳은 수수료 자체로 관리가 엄격한 곳에서는 차액을 우리에게 보조금 형태로 준다. 즉 1.0%와 0.5%의 차액에 대해서 우리가 영수증을 끊어주고, 우리에게 현금으로 주는 식이다. 극장 50개에서 절감된 금액이 연간 총 5억 원이다. 한국과 다른 점이 있다. 한국은 물량으로 협의하면 단가가 떨어진다. 그러나 중국은 예외가 있다. 이 경우는 해당 지점장이 본사의 확인을 받고 예외로 해주는 사항이다. 통합계약을 하면 그 예외가 적용이 되지 않는다. 추후 시스템 통합을 위하여 주거래 은행을 통합을 진행하면서 아쉽게도 비용 절감이 아니라 비용이 오히려 늘었다.

식품 유통을 요식업으로 전환하여 연간 10억 원 절감

재미있는 케이스로 각 부서(설계, 공정, 영업, 재무)의 협조 하에 비용을 절감(절세)한 경우다. 일반적으로 매점은 식품을 유통하는 곳이지 식품을 제조하는 곳은 아니다. 당연히 경쟁사도 우리도, 모두 식품유통 허가증을 발급받아 17%의 증치세를 납부하고 있었다. 2013년 어느 날 세무 개념 없는 법인 설립 담당자와 재무팀 세무담당 직원 간 잠시 토론이 있었다. 17% 증치세로 하지 말고 식품제조로 5% 영업세로 처리하자고 말이다. 이 경우 매입세입 공제를 고려하면 7% 절세가 된다. 필자도 토론에 끼어들었고, 난 당연히 식품유통이라고 생각해 17% 증치세라고 생각했다. 우연히 지나다 논쟁을 들은 상무님이 "인허가에서 제조로 받으면 5% 영업세로 처리해도 되는 거 아냐? 무슨 리스크가 있지?" 하고 말씀하셨다. 고정관념을 깨는 사고였다. 우리가 선택한 것도 아니고 인허가 받을 때 그렇게 받아버리면 정부에서 인정한 꼴이니 우리 리스크가 아니었던 것이다. 결국 세무 개념 없이 비즈니스로 접근한 담당자가 바로 그 주에 설계, 공정, 인허가담당, 재무 모아놓고 회의를 진행했다. 추후 모든 인허가는 식품유통이 아니라 요식업허가증(식당)수준으로 인허가를 받는 것이었다. 덤으로 당시 골치였던 극장에서 음식제조 문제도 해결되었다. 핫도그 하나도 제조로 인식되어 지역별로 가능한 극장과 불가능한 극장이 나뉘어져 있었다. 약간만 발상을 전환해 세율 17%는 5%로 전환하면 극장 하나당 약 3000만 원 정도의 세금이 줄어들었다. 35개면 10억 원 절감이다. 더 재미있는 것은 2016년 5월 1일 증치세 개혁이 되었다. 증치세는 17%로, 영업세 5%는 증치세 6%로 변경되었다. 기존 매입세액 공제를 못 받던 것까지 매입세액을 공제받게 되니 11% 절세로 바뀌었다. 즉 동일한 사업을 운영하는데, 어떤 회사는 17%의 증치세를 납부하고, 미리 준비한 회사는 6%의 증치세를 납부하는 것이다. 언제까지 지속될 것인지는 알 수 없으나 그동안의 혜택만 해도 상당한 금액의 비용 절감이다. 그럼 극장 하나당 3천만 원 절세가 아니라

4000만 원 이상이다. 그럼 연간 20억 원의 추가 이익이 생기는 것이다. 언제까지 향유할 수 있는지 여부는 지켜봐야 하지만 말이다.

정부 지원 통한 무료 법인 설립 연간 1억 4000만 원 절감

각 지역의 투자촉진국을 통한 법인 설립을 진행했다. 직접 갔으면 열 차례 다니다보면, 항공료, 숙박료 등 법인하나당 5만 위안 정도 소요된다. 대리업체를 활용해도 마찬가지고 말이다.(각종인허가가 많아 다른 회사 법인 설립보다 비싸다) 이걸 일부는 대신 서류 작성도 해주고, 대신 서류 제출도 해주고, 문제가 생기면 문제를 해결하는 데도 도움을 준다.

물론 가끔 단점도 있다. 본인들도 네트워크(꽌시)가 있으니 어떤 은행을 주거래 은행으로 해달라든지, 친척을 채용을 해달라든지, 자본금을 좀 더 키워달라든지 등 요구 사항이 있다. 어쩌겠는가 조율해야지. 시간이 지날수록 청탁은 줄었다. 시진핑 정부가 부정부패를 강하게 단속하면서부터 말이다. 그래서 1년에 20여 개 법인 설립으로 개당 5만 위안 × 20개 = 100만 위안, 즉 1억 8000만 원이다. 이런 언급을 하면 그건 대기업만 해당 사항이 아니냐 한다. 아니다. 지원을 이끌어내기 힘들어 보이기도 하나 노력 여하에 따라 소통을 어떻게 하느냐에 따라 가능할 수도 있다.

위의 사항들은 노력에 따라 받을 수도 있고 못 받을 수도 있는 보조금 및 비용 절감 사항이다.

다음은 내 노력 여하에 관계없이 받을 수 있는 것들이다. 즉 자동으로 주어지는 보조금이다. 그래도 중국을 이해하는데 도움이 될까 싶어 적어본다.

증치세 개혁 보조금

증치세 개혁으로 세금이 줄어든다고 대대적으로 선전을 했다. 세수가 5000억 위안(약 85조 원) 이상 줄어든다고 말이다. 근데 이것이 모든 산업의 세금이 줄어드는 게 아니다. 2012년 1월 1일 상하이 시범 증치세 개혁으로 본사 컨설팅 법인이 5% 영업세에서 6% 증치세 산업으로 변경이 되었다. 다른 산업은 바뀌지 않고 상하이만 그것도 컨설팅만 바뀌었으므로 1% 차이이다. 실제적으로는 0.66% 증가가 되었고, 많진 않지만 매입세액 공제되는 부분이 있어, 거의 비슷했다.

개념은 이렇다. 증치세 변경으로 기존 영업세 대비해서 추가 납부하게 되는 세금이 있다면 정부에서 보조금으로 보충하겠다는 취지였다. 추후 극장산업에도 2013년 증치세 개혁이 되어 영업세 납부를 가정했을 때보다 104만 위안(약 1억 7000만 원)를 더 납부했다. 그 다음 해 환급신청을 하여 환급 받았다. 이런 것 보면 정말 대의를 위해 소를 희생할 줄 아는 통 큰 지원을 한다. 증치세 개혁 취지는 세금의 효율화도 있지만 결국 세금의 시스템화를 통한 탈세 방지다. 즉 몇 년간은 매년 85조 원 이상의 세수가 줄어들지만 시간이 지날수록 세수는 늘 수밖에 없다. 제대로 된 투자가 아닐 수 없다.

문화산업 보조금

이것 또한 노력으로 얻는 보조금은 아니다. 위의 증치세 개혁 보조금처럼 주어지는 보조금이다.

문화기금 3년간 환급, 국산 영화상영 비율에 따른 추가 보조금 지급, 베이징 3환외三环外일 경우 건설당 200만 위안 일시금지급, 3선급 이상인 경우 사이트 건설당 300만 위안(약 5억 원) 등의 보조금이 있다. 또한 각 지방정부마다 별도의 보조금이 진행되고 있으니 반드시 별도 확인이 필요하다.

개인소득세 신고 보조금

개인소득세 납부액에 대해 2%를 환급해준다. 명목은 개인들을 대신해서 회사가 혹은 재무 직원이 고생스럽게 대신 세금을 납부했다는 명목이다. 어떤 세무국에서는 재무 직원들이 고생한거니 재무 직원들 나누어주라고도 한다. 물론 회사통장에 입금이 되므로 회사 수익으로 처리한다. 2년 전(2014년) 타 업체에서 그 2%를 횡령했다는 이야기도 들린다. 물론 회계와 출납을 모두 한 직원이 처리하는 작은 회사다. 사장님들은 참고하시길 바란다.

Special Point

회계·세무 업무,
외주를 줄까? 직접 할까?

이제 설명할 부분은 필자의 사업과 관련이 있어, 사심이 들어 있을 수도 있으니, 감안하고 보시길 바란다.

항상 모든 것들은 선택의 문제이지 절대적인 건 없다. 대기업, 중견기업, 제조업체는 논의하지 않겠다. 위의 규모가 있는 업체들은 당연히 사내에 회계 부서를 조직해야 한다. 혹은 대규모 아웃소싱을 하기도 하나 여기서 다룰 사항은 아니니 넘어가기로 한다. 관리자도 마찬가지다. 부서 수준으로 만들었는데도 문제가 많이 생기는데 외주? 불가하다고 봐야 한다. 물론 기장대행 수준이 아니라 재무팀 전체를 아웃소싱할 능력이 되는 업체는 예외다. 글로벌 기업들이 10년 전부터 국가별로 쉐어드 서비스 센터Shared Service Center를 두고, 필리핀에서 모든 아시아 지사법인들의 회계업무 아웃소싱을 하는 것처럼 말이다.

그럼 소기업 위주로 말씀드리겠다. 이것 또한 절대적인 답은 없다. 상황 혹은 취향에 따른 선택이다. 먼저 5~10명 이하의 소규모 기준이다. 회사 내 1명을 두고, 회계, 출납, 인사, 총무 및 기타 지시사항업무를 처리하게 할 수도 있다. 단 이 경우 법인장이 체크포인트를 가지고 관리를 해야 한다. 위의 업무를 다 하는 건 본인의 경력을 포기한 친구들이 대부분이다. 무슨 이야기냐면 회계전문직으로 갈 친구들은 이렇게 잡다한 업무를 하지를 않는다. 그럼 월급받으며 그냥 편하게 일할 친구들이 대부분이다. 어려운 일이 없어야 하고, 어려운 일들은 당연히 법인장이 챙기고, 확인하고 봐주어야 한다. 장점은 모든 지원 업무를 처리하므로 비용적인 효율이 있다. 단점은 업무 펑크가 나면 걷잡을 수가 없다. 사실 한국에서 온 대기업들도 초반에 이렇게 했다. 문제는 당연히 있었다. 뒷사람들이 처리했겠지. 운이 좋으면 큰 사고가 나기 전에 정리가 되는 것이고, 그렇지 않으면 정리가 잘 되지 않고 돈(벌금)으로 해결해야 한다. 세무신고를 하지 않았다던가, 세무신고가 잘못되었다던가, 받을 돈, 가불, 지급할 돈들이 섞여 있어 정리가 안 된다든가, 가짜 영수증들이 가득 하다던가, 영수증이 부족하다던가 등 말이다.

보통 소기업 법인장님들은 소기업이 대기업 수준으로 어떻게 관리하냐고 하신다. 소기업은 소기업답게 관리를 해야 한다. 그런데 받을 돈이 얼마 있는지, 세무신고는 했는지, 세무신고는 장부 기준으로 하지 않고 임의로 수정하지는 않았는지, 자산구매 처리를 생각나면 그제야 처리하는지 않았는지, 증치세 매입세액 인증认证이 12개월 지나면 매입세액 공제가 되지 않는다. 과거에는 6개월만 지나면 매입세액공제 처리가 되지 않았다. 당시 6개월을 넘겨 각 1천만 원, 5천만 원 손실을 본 업체가 있다. 남의 이야기가 아니란 얘기다. 매월 처리하지 않고 생각날 때마나 처리한다던가, 감가상각도 매월 처리하지 않고 몇 개월씩 생각날 때 마다 불규칙적으로 처리하지 않았는지 확인해야 한다. 이런 건 대기업, 소기업 간의 문제가 아니다. 업무 처리의 기본을 했느냐 아니냐의 문제다. 기본을 안 했으면 다른 것은 볼 것도 없다.

그럼 외주 처리라고 다 잘하는지, 아닌지 확인하는 데도 수업료를 지불한다. 그 대상이 되지 않으려면 확인해야 한다. 담당 대리기장 직원의 업무 능력을 확인해야 한다. 세무신고 누락, 잘못된 장부기록 등의 책임은 회사에 대해서는 대리기장 업체가 책임을 지지만 대외적으로는 업체 책임이다. 즉 세무국에서 벌금이 나와도 업체가 납부해야 하고, 그다음은 업체와 대리기장 업체와의 협의사항이다.

그럼 세무신고 대행업체는 어떻게 관리하고 활용할 것인가?

앞에서 언급한 회계, 출납의 관계와 동일하게 봐야 한다. 즉 협력과 견제의 관계다. 업무 협조는 하지만 잘못된 사항에 대해서는 견제가 가능하다. 출납 입장에서의 견제는 자금이 부족하다든가, 비용 처리한 영수증이 문제가 있다든가, 증치세 영수증 인정이 항상 지연이 된다든가 등을 확인한다. 대리기장 업체에서는 회계 처리가 잘 되었는지, 세무신고는 제때에 제대로 하고 있는지 등을 확인한다. 서로 견제를 통해서 건전한 긴장으로 오류들을 사전에 적발이 가능하다.

근데 회계, 출납 인력 채용할 때처럼 많은 법인장님들이 스스로 그 견제 기능을 포기한다. 출납으로 하여금 대리업체를 선정하게 한다든가, 대리업체보고 출납채용을 부탁한다든가, 인맥도 적을뿐더러 번거롭기 때문이다. 그러나 편하게 해도 되는 게 있고, 번거롭지만 첫 세팅을 주의 깊게 처리할 게 있다.

또한 재무 업무에 대해 많은 분이 둘 중 하나의 태도를 취한다. 모르면서 무시하거나, 몰라서 너무 어려워하거나 둘 중 하나다. '난 모르니 알아서 해라'라고 말이다. 둘 다 상당히 위험하다. 제발 알고 만만하게 보자. 그런데 알면 만만하게 보지 않는다. 모르니 무시한다.

4
사업철수, 기업청산 꼭 해야 하는가?

지금은 잠잠해졌으나 한동안 산동성을 중심으로 야반도주를 하는 중소기업이 상당하다는 이야기들이 있었다. 공급상에 납부할 금액이 부족한 일반 도산이 발생하기 직전에 나오는 기업들도 있지만 의외로 상당한 기업들이 정상 폐업할 경우 소액이 남던가 거의 비슷한 경우임에도 청산을 진행하지 않고 야반도주를 한다고 한다. 그 이유는 청산비용이다. 청산이 진행이 되면 각종 비용이 생긴다. 그동안 세무조사를 하면 탈루한 세금이 적발될 가능성이 있을 수 있고, 청산 후 남는 금액은커녕 추가 납부해야 할 금액이 지속 늘어나는 데 있다 하겠다.

청산은 하지 않고 야반도주를 한다는 것은 그럼 다시는 중국 사업을 안 하겠다는 뜻이고, 다시는 중국땅을 밟지 않겠다는 뜻이며, 주변 한국 기업들에 민폐를 끼치는 것이다. M&A로 타 기업에 넘기면 좋겠지만 그게 어려울 경우 청산은 반드시 진행해야 한다.

아쉽지만 청산 관련 사항은 원론적으로 반드시 청산을 하시라고 말씀드리고 싶다. 약간의 도움이라도 된다면 아래 법인 설립을 쉽게 하는 중국 사장들을 참고로 하시고, 왜 중국 업체들은 사업장 이전을 하지 않는지는 참고로 보시고, 마지막으로는 청산업무대행 업체 선정 방법을 참고하여 비용 및 시행착오는 최소한으로 하셨으면 좋겠다고 말씀드리고 싶다.

01 | 10~20여 개씩 법인 설립하는 중국 사장

중소기업 중국 사장들을 보면 특이한 사항이 하나 있다. 대기업에서야 법인하나 만들려면 그룹 지주사의 확인까지 받아야 해서 6개월 이상 소요된다. 그런데 중국의 중소기업 사장들을 보면 뚝딱뚝딱 잘만든다. 중국 사장들의 말에 따르면 몇 가지 이유가 있다.

첫째, 세금을 잘 내지 않는다. 탈세가 많아 문제가 생기면 회사 문을 닫아야 한다. 그때 쉽게 닫아야 하기 때문이다. 하나가 문을 닫아도 다른 10여 개는 멀쩡히 영업을 해야 하기 때문이다.

둘째, 설립도 쉽고 청산도 쉽다. 즉 부담이 없다.

셋째, 세금이 적다. 회사 규모가 커지면 쪼개는 게 유리하다. 자산 1000만 위안 이하, 직원 80명 이하, 세전 이익 30만 위안 이하면 세율이 25%가 아니라 10%이다(2016~2017년 기준, cf) 한국은 2억 이하까지 11%).

사실 일부 한국 사장도 마찬가지이다. 위험 분산 개념인 것이다.

02 | 법인 이전은 왜 이리 복잡한가?

중국은 서울로 치면 마포구에서 바로 옆인 서대문구로 이사를 해도 세무상으로는 청산의 개념과 동일하다. 한국도 담당자 제도이긴 하나 중국은 세무국 입장에서는 청산과 이사는 동일하단 이야기다. 즉 청산할 때의 어려움(청산 관련 세금 발생, 세무조사 등)이나 이사로 인한 담당 세무국 변경이나 동일하다는 이야기다. 그래서 중국 회사들은 이사 가느니 청산을 한다. 혹은 기존 세무국에 적만 그대로 두고 새로 이사 가는 곳에서는 사무실만 둔다. 새로운 사무실에 위치한 세무국에서 조사하면 어떻게 해야 하지? 방법은 세 가지다. 뭐 방법도 아니다. 첫째, 숨기며 버틴다. 둘째, 영업하지 않는 분공사(지점)을 설립한다. 셋째, 정상적인 분공사를 설립한다.

중국 진출한 한 대기업 사례다. 그룹의 지시에 따라 할 수 없이 이사를 가게 되었다. 3년 전만해도 가상오피스 개념에 대해 이해가 없던 타 계열사에서 어떻게 대기업에서 가상오피스 제도를 활용할 수 있느냐고 반발하다 결국에 그렇게 한 사례가 있었다. 이 건도 동일하다. 기존 지역구의 초상국, 지역 세무소 모두 납부하는 세금이 적지 않은 대기업이 다른 지역구로 이사가는 걸 원치 않는다. 함께 방법을 의논하지만, 사실 답은 정해져 있다. 몸은 가더라도 법적인 소재지는 남기는 것이다. 그럼 기존 지역구에서 가상오피스로 할 수 있는 주소지를 받는다. 현 지역구의 투자촉진국은 본인들 실적을 남기고, 재정국·세무국도 세수를 그대로 확보하고, 기업은 기존에 받은 각종 보조금을 토해내지 않고 남은 계약기간만큼 지속적으로 받는다. 15~20억여 원의 보조금을 토해내지도 않고, 추후 지속적인 계약을 통해서 보조금 액수는 늘어나게 된다. 윈윈윈윈이다.

이제 위의 질문이 고스란히 내려온다. 새로 이사한 지역구에서는 어떻게 하겠는가? 없던 회사가 생기는 거라 개발상에서도 1년은 막아주겠다고 한다. 그다음은 본인들도 어쩔 수 없다고 한다. 그럼 똑같다. 위의 첫째부터 셋째 안으로 시행하면 된다. 최악의 경우가 분공사 설립이다. 그래도 주소지 이전하는 것보다는 훨씬 낫다. 당장 15억 원 이상을 토해낼 필요가 없는 것이다.

03 | 기업을 청산하면 세금을 많이 납부해야 하나?

기업에 따라 다르다. 즉 탈세를 했는지, 회계·세무 관리를 잘했는지 여부에 따라 다르다. 그동안 제대로 세금을 납부했다면 납부할 세금이 없을 것이고, 탈세를 했다면 흔히 말하는 세금폭탄이 될 수도 있다. 즉 부당한 과세는 없다. 세무조사 나오면 90% 이상의 업체들이 걸리는 세금 항목이 하나 있다. 인화세(인지세)다. 한국과 달리, 매매계약에 대해서도 계약금의 일정부분 0.05%를 납부해야 하고, 어떤 계약이든 대부분의 계약은 종류에 따라 계약금액의 0.1 ~ 0.05%의 인지세를 납부해야 하는데, 대부분의 기업들이 납부를 하지 않았다. 몰라서일 수도 있고 알면서도 아까워서일 수도 있다. 결론은 필요 이상으로 두려움을 가질 필요는 없다는 이야기다.

중국의 재미있는 사항 중 하나는 이사를 해서 지역구를 변경했을 때에도 청산 수준의 세무감사(서면 혹은 방문)를 진행한다. 그래서 이사를 했음에도 세무 관할은 바꾸지 않는 중국 사장들을 본다. 그럴 바에는 브랜드가 그리 중요하지 않다면 청산을 해버리는 사장들이 있단 이야기다. 이 정황을 모르는 한국 사장 혹은 외국 투자자들은 회사 이사를 그냥 집을 이사하듯이 결정해버린다. 중국을 모르는 것이다. 청산 수준의 세무감사가 있다는 것을 말이다.

또 청산 관련하여 오해가 하나 있다. 청산 후 잔여 자금을 투자자인 본국으로 자금을 가지고 들어가기 힘들다는 오해다. 물론 오래전에는 그런 측면이 없지 않아 있었을 수도 있다. 그러나 지금은 아니다. 단, 이런 경우는 많지 않다. 그래서 내부 처리 프로세스가 명확하지 않거나 혹은 관련 업무를 정부 담당자들이 해보지를 않았고, 게다가 회사내부 회계인력은 당연히 관련 경험이 없을 것이다. 이러한 것들이 겹쳐지니 3~4개월 걸릴 일들이 6개월 혹은 1년까지 걸리기도 한다. 같이 헤매기 때문에 두 배 이상의 시간이 소요된다. 어찌되었든 결론은 시간만 오래 걸리지 별 문제 없이 진행할 수 있다.

Special Point

기업청산 절차와
업체 선정 방법

불과 몇 년 전 기업청산은 거의 불가능한 것으로 인식하던 시기가 있었다. 시간도 오래 걸리고, 세금폭탄을 받은 후 실질적으로 남는 돈이 거의 없어서다. 야반도주의 주요 이유 중의 하나가 청산세금폭탄이기도 하고 말이다. 물론 제대로 잘했는데, 세금폭탄이 나오진 않는다.

지금은 지역 차이는 있겠지만 과거와는 확연히 다르다. 우리나라 정부도 중국에서 청산하고 한국으로 복귀할 때 보조금을 지원하고 있으니 관련 규정을 확인하시고, 혜택을 향유하시길 바란다. 또한 중국 정부도 과거와 달리 청산에 대해 적극적으로 잘 지원해 준다.

절차는 번역해놓은 자료를 보면 되나 주요 순서를 정리한다(유식할 수도 없지만 유식한 척하지 않고 정리한다).

① 법인청산 주주, 동사회 결의서: 청산하려면 주주(소유주)와 동사회의 결의가 필요하다.

② 상무국회신批复: 외자법인 설립 시 승인해준 외자전담관리 정부기관이니 청산할 때도 승인받아야 한다. 대부분 구상무국 권한이다. 투자 규모에 따라 성 혹은 상하이시 권한이면 좀 시간이 더 걸린다.

실무상 이때 직원대표와 경제보상금에 대한 금액 확정이 이루어져야 한다. 우리에게 민감한 건 청산세금이지만 정부에서 가장 민감한 건 직원들에 대한 경제보상금 문제이다.

③ 신문공고: 영업집조 분실, 인감분실 시에도 동일하게 필요한 신문공고다. 즉 청산하는 회사에 대한 정보를 공개하여 문제 있는 회사들은 사전 정리를 하란 이야기다. 물론 실무상에서는 청산 전에 다 정리가 되어야 청산이 가능하니, 실무상 자산, 부채를 대부분 선 정리를 진행한다.

④ 공상국 청산조구성원등록통지서: 청산을 담당할 구성원을 등록하는 것이다.

⑤ 세무등기 말소: 청산의 가장 핵심이다. 대부분의 사람들이 겁내는 부분이다. 회계사 사무실을 통하여 청산보고서 작성하고, 문제가 없으면 서면으로 대체(세무국도 바쁘다. 아무 회사나 현장실사를 하지 않는다), 세무국에서 문제가 될 것 같으면 현장실사를 한다. 일단 서면대체 한다는 건 관심 대상, 큰 이슈가 없다는 뜻이므로 1차 안심해도 될 것이다.

⑥ 영업집조 말소: 영업허가서 말소한다. 3증합일3证合—이므로 기존의 조직기구대마증은 별도 말소절차가 필요 없다.

⑦ 상무국비준증서 말소: 위의 ②번을 참고하시길 동일 사유다.

⑧ 사회보험등기 말소

⑨ 은행계좌/외환등기 말소(자본금/기본/일반계좌)

위는 지역별로 조금씩 차이가 날 수 있다. 그래서 반드시 직접 청산을 진행한다면 선 상무국, 공상국과 제출서류, 주의사항 등에 관련된 상담을 진행해야 한다. 물론 그전에 기본 공부는 하면 좋을 것이다.

사실 청산은 큰 세무 문제가 있지 않다면 직접 처리해도 된다. 굳이 맡기지 않아도 되나 시간이 아깝다거나 일할 사원이 없다던가 하면 세무에

특화된 청산대리업체 활용도 가능하다. 청산 업무는 까다롭다고 생각하여 혹은 청산을 진행할 사람이 없어 대리업체에 맡길 텐데, 내가 굳이 청산절차를 알아서 뭐해 라고 생각하시는 분들이 많을 것이다.

여기서 문제는 또한 판단이다. 실제 업무는 하지 않더라도 판단 능력은 있어야 한다. 청산 절차도 모르는 업체에게 맡길 것인가? 아님 해당 업종에 청산을 해보지 못한 신생 업체에 맡길 것인가? 업체에 맡긴다는 건 시간이든 비용이든 수업료를 지불하지 않기 위함이다. 선정을 잘못하면 그 수업료를 또 지불해야 한다. 이 분야의 대리업체는 구조적인 이슈가 있다. 이직률이 상당히 높다. 나에게 신참이 걸릴 가능성이 높다는 뜻이다.

어려운 법인 설립 건이 하나 있었다. 외국인이 내가 할 수 없고 정부의 네트워크가 필요한 사항이라 업체 선정을 하여 상당 부분 일을 맡기로 했다. 20여 개 업체를 미팅했다. 물론 다 할 수 있다고 한다. 20여 개 중 10개는 인허가 기관이 구인지 시인지도 모른다. 절차도 모른다. 언제 인허가 받을 때 실사가 언제 나오는지도 모른다. 준비서류도 명쾌하게 대답하지 못하고 에둘러, 말한다. 그래서 20여 개 중 18개가 자격미달이었다. 결론은? 20여 개 업체 중 가장 잘 아는 업체로 선정했고, 그 친구는 당연히 영업사원이었다. 내 시험은 통과했으나 실제로 모르는 부분이 있다. 실세 입무 처리하는 친구와 소통하면서 같이 하고 있다. 해당 업무는 초짜다. 즉 대리업무를 하고 있는 나도 그 수업료를 지급하고 있다. 하루 왕복 80km를 오가며 대리 비용을 지급한 업체를 위해 일을 하고 있는 것이다. 처음부터 실수로 시작했다. 대신 검수를 해주고, 문제가 되면 함께 정부 관계자를 만나며 확인한다. 내 인건비는 0이다. 단 남는 건 없었지만 해당 업무는 배웠다. 다시는 동일한 문제는 겪지 않으리라.

에필로그

이 책은 전문 서적이 아니다. 외자법인 설립, 세무 관련하여 기초적인 궁금한 점들 위주로 정리한 가이드 서적 정도로 생각해주시면 좋겠다.

필자의 한정된 개인 경험과 부족한 전문 지식을 서투른 문장으로 적은 책임에도 읽어주신 분들께 감사의 말씀을 드린다. 19년 동안 해당 업종에서 근무했지만 중국에서 일하기 시작한지는 10여 년이다.

외자법인 설립, 세무, 회계 등 각종 문제에 부딪힐 때마다 대형서점, 인터넷을 뒤졌다. 그런데 일반적인 중국 경험을 공유한 책들이나 중국 회계, 세무 등 규정들을 번역한 책들은 많으나, 법인과 세무에 관련된 실무상 부딪치는 문제들에 대한 책이나 공유 글이 없어 아쉬웠다. 해답까지는 아니더라도 중국에서는 왜 그러한지에 대한 배경을 깨닫게 하거나 법인을 설립한 경험이 있는 분의 글이 생각보다 많이 부족했다. 아직 전문적인 부분까지 책으로까지 나올 시장은 확보가 되지 않아서 그렇겠지 어림짐작해본다. 그래서 욕을 먹더라도 첫 테이프를 끊는다는 마음으로 중국에서 10년 동안 법인을 설립하고 세무를 담당한 경험을 녹여내 보았다. 아직은 너무나 부족하고 허점이 많다. 계속되는 사례, 경험, 공부를 통해 앞으로도 계속 업그레이드해 나가도록 하겠다. 이 책이 끝이 아니라 시작이라고 생각한다.

과거와 달리 중국 시장에서도 각자의 분야에서 10년, 20년 이상의 경험이 있는 전문가가 많아지고 있다. '이 정도 책이면 나도 내겠네'라고 쉽게 생각해주시고, 각자의 분야에 대한 경험을 공유해주시면 더욱 감사하겠다. 과거에는 대기업과 중소기업 위주의 진출이었다면 지금은 소기업, 1인기업들도 많이 진출하고 있다. 법인 설립이든 세무든 실질 업무는 하지 않으시더라도 개념은 가지고 대리업무 등을 맡기시면 답답함도 덜 것이고, 서로 기초적인 대화는 건너뛰고 좀 더 필요한 대화들을 하시기를 바란다. 이 책이 그러한 대화에 혹은 실무에 작은 도움이 되었으면 하는 마음이다.

특히 이 책을 읽고 추가적인 궁금한 점들이 있다면 메일로 질문을 해주시면 부족하나마 성심껏 답변을 드리도록 하겠다.

외상투자기업이 중국에 진출하기 전 반드시 검토해야 하는 사항들이다. 진출하는 산업의 외자가 진출가능, 진출 불가, 혹은 진출은 가능하나 제한이 있는지 여부 등을 살펴보아야 한다.

2016년 12월《중국 법인 설립 가이드》초판 발행 이후〈외상투자산업지도목록〉은 2017년, 2018년, 2019년에 걸쳐 3번 개정되었다. 과거에는 2~3년에 한 번씩 개정이 되었으나 최근 들어 매년 개정되고 있다. 그만큼 변화가 많고 중요성이 커진 듯하다.

부록의 자료는 코트라 번역본을 그대로 싣되, 순서는 중요도 순으로 재배치하였다. 다만 과거와 달리 금지산업과 제한산업을 별도 구분하지 않고, 외국인 투자 진입 특별관리조치(네거티브리스트), 즉 외국인 투자 시 특별 관리항목을 별도로 두었다. 네거티브리스트 40가지를 우선 보고, 여유가 되는 분들은 중국정부에서 어떤 산업을 장려하는지 장려항목을 별도로 보면 된다.

중국투자 확정 전 중요한 사항이나 더 알고 싶은 내용은 컨설팅사에 문의해도 되지만, 가능하면 상무국에 직접 문의하길 추천한다. 최고 전문가를 놓아두고 전문가일지 아닐지 모르는 컨설팅사에 굳이 물어볼 필요가 없다. 또한 상무국에 문의하면 과도기를 보내고 있는 규정에 또 어떤 변화가 있을지도 덤으로 들을 수 있기 때문이다.

외국인 투자 진입 특별관리조치(네거티브리스트) 2019년판

1. 〈외국인 투자 진입 특별관리조치(네거티브리스트)〉는 지분비율 요구사항, 고위경영자 요구사항 등 외국인투자에 대한 규제조치를 통일적으로 명시하였다. "네거티브리스트" 이외의 분야는 내·외자 동일 관리원칙을 적용한다.

2. "네거티브리스트"에는 일부 분야의 취소 또는 진입 규제 완화의 과도기를 명시했는데 과도기 만료 후 진입규제를 취소하거나 완화한다.

3. 외국 투자자는 자영업자, 개인 독자기업 투자자, 농민전문합작사 구성원의 신분으로 경영활동에 종사하여서는 안된다.

4. 외국인 투자자는 "네거티브리스트"의 외국인 투자 금지 분야에 투자할 수 없으며 "네거티브리스트"의 非금지 분야에 대해 투자 실행 전 외자진입 허가를 받아야 한다. 지분비율 제한을 둔 분야에 투자할 경우, 외국인투자동업合伙기업을 설립할 수 없다.

5. 중국 국내의 회사, 기업 또는 개인이 그가 해외에서 적법하게 설립했거나 통제하고 있는 회사를 통해 그와 특수 관계에 있는 국내회사를 인수합병하는 거래가 외국인투자 프로젝트·기업 설립 및 변경을 필요로 하는 경우 현행 규정에 따라 실시한다.

6. "네거티브리스트"에 나열되지 않은 문화, 금융 등 분야와 행정심사, 자격조건, 국가안전 등 관련 조치는 현행 규정대로 실시한다.

7. 〈내륙지역과 홍콩특별행정구의 긴밀한 경제무역 협력관계 구축에 관한 협정〉 및 그 보충협약, 〈내륙지역과 마카오특별행정구의 긴밀한 경제무역 협력관계 구축에 관한 협정〉 및 그 보충협약, 〈해협양안 경제협력 기본협정〉 및 그 후속적 협약, 중국이 관련 국가와 체결한

자유무역협정 및 투자협정, 중국이 가입한 국제조약, 중국의 법률·법규에 보다 우대적인 개방조치가 있을 경우 그 규정에 따른다. 자유무역시험구 등 특수경제지대에서 조건에 부합되는 투자자에 대해 보다 우대적인 개방조치는 관련 규정에 따라 실행한다.

8. "네거티브리스트"는 중국 국가발개위, 상무부와 관련 부처가 해석한다.

□ 농업·임업·목축업·어업

1. 농작물 신품종의 선택 육성 및 종자개발 생산 (중국 측 다수 지분)
2. 희귀하고 진귀한 우량품종의 연구개발, 양식, 재배 및 유관 번식재료의 생산 (재배업, 목축업, 수산업 우량 유전자 포함) (투자 금지)
3. 농작물, 종축·종금, 수산물 종묘의 유전자 변형 품종의 선종·배양 및 그 유전자 변형 종자(묘)의 생산 (투자 금지)
4. 중국 관할 해역 및 내륙 수역의 수산물 포획 (투자 금지)

□ 채광업

5. 희토, 방사성 광산, 텅스텐의 탐사, 채굴 및 선광 (투자 금지)

□ 제조업

6. 출판물 인쇄(중국 측 다수 지분)
7. 방사성 광물의 제련 및 가공, 핵연료의 생산 (투자 금지)
8. 한약차 찌기·볶기·뜨기·굽기 등 가공기술의 응용 및 한약제제 비밀 처방 제품의 생산(투자 금지)
9. 전용차, 신에너지자동차 제조를 제외한 완성차 생산 (중국 측 시분율 50%(포함)이상), 동일 외국인투자자가 중국 내에서 2개 및 그 이하의 동종류 완성차 제품을 생산하는 합자기업 설립 가능함. (2020년 상용차 제조 분야 외자지분 규제 철폐, 2022년 승용차 제조 분야 외자지분 규제 및 일 외국인투자자가 중국 내에서 2개 및 그 이하의 동종류 완성차 제품을 생산하는 합자기업 설립 가능한 규제 철폐 예정)
10. 위성TV·라디오방송 지면 수신 설비 및 핵심부품의 생산

□ 전력, 열력, 가스 및 용수의 생산 및 공급업

　11. 원자력 발전소의 건설과 경영 (중국 측 다수 지분)

　12. 인구 50만 이상 도시의 배수 파이프망 건설 및 경영 (중국 측 다수 지분)

□ 도소매업

　13. 연초, 궐련, 이중 건조 연초 및 기타 연초 제품의 도매와 소매 (투자 금지)

□ 교통운수, 저장 및 우정郵政업

　14. 국내수상운송회사(중국 측 다수 지분)

　15. 공공항공운송회사(중국 측 다수 지분), 한명의 외국인투자자 및 그 관계사의 투자비율 25% 초과 불가, 법정대표인은 반드시 중국 국적을 가진 자가 맡아야 함)

　16. 일반항공회사 (법정대표인은 반드시 중국 국적을 가진 자가 맡아야 하고, 농업·임업·어업용 일반항공회사는 합자에만 限하며, 기타 일반항공회사는 (중국 측 다수 지분)

　17. 민용 공항의 건설 및 경영 (중국 측 다수 지분)

　18. 항공교통 관제회사(투자 금지)

　19. 우정郵政회사, 서신의 국내 택배 업무(투자 금지)

◻ 정보전송, 소프트웨어와 정보기술서비스업

20. 통신회사 : WTO 가입 시 개방하기로 승낙한 업무에만 限함. 부가통신업무 (외자비율 50% 초과 불가, 전자상거래, 국내다측통신, 저장전송, 콜센터 제외), 기초통신업무(중국측 다수 지분)
21. 인터넷 뉴스정보 서비스, 인터넷출판 서비스, 인터넷 시청 프로그램 서비스, 인터넷 문화 경영 (음악 제외), 인터넷 대중 정보발표 서비스 (투자 금지) (WTO 가입 시 개방하기로 승낙한 업무 중 이미 개방한 내용 제외)

◻ 금융업

22. 증권사 외자 비율 51% 초과불가, 증권투자펀드관리회사의 외자비율 51% 초과 불가(2021년 외자 지분 규제 철폐)
23. 선물회사의 외자비율 51% 초과 불가 (2021년 외자 지분 규제 철폐)
24. 생명보험회사의 외자비율 51% 초과 불가 (2021년 외자 지분 규제 철폐)

◻ 임대와 비즈니스 서비스업

25. 중국 법률사무 자문 (중국 법률 환경 영향 관련 정보의 제공은 제외) 금지, 국내 로펌 파트너가 되는 것은 금지(투자 금지)
26. 시장조사 (합자·합작에 限함, 그 중 라디오·TV방송 청취율·시청율 조사는 중국 측 지분 통제)
27. 사회조사 (투자 금지)

☐ **과학연구 및 기술서비스업**

28. 인체의 줄기세포 및 유전자 진단과 치료 기술의 개발 및 응용 (투자 금지)
29. 인문사회과학 연구기구 (투자 금지)
30. 대지측량, 해양측량, 측량용 항공촬영, 지면 이동 측량, 행정구역 경계 측량·제도, 지형도/세계행정지도/중국행정지도/성급 및 그 이하 지역의 행정지도/전국 교육용 지도/지방 교육용 지도/Ture 3D 지도의 편집·제작, GPS전자지도 편집·제작, 지역적인 지질도 제작/광산지질/지구물리/지구화학/수문지질/환경지질/지질재해/원격탐지 지질 등 조사 (투자 금지)

☐ **교육**

31. 유아교육기구, 일반 고등학교 및 고등교육기구 (중국 측이 주도, 교장 또는 주요 행정 관리자는 중국 국적을 가진 자가 맡아야 하며 이사회·동사회 및 연합관리위원회는 중국 측 구성원 비율이 1/2보다 적어서는 안 됨)
32. 의무교육기구, 종교교육기구(투자 금지)

☐ **위생과 사회업무**

33. 의료기구 (합자·합작에 한함)

☐ **문화, 체육 및 오락업**

34. 언론기구 (투자 금지, 통신사를 포함하며 이에 한하지 아니함)

35. 도서, 신문, 잡지, 정기간행물의 편집·출판·제작 업무 (투자 금지)
36. 각 급 라디오방송국(스테이션), TV방송국(스테이션), 라디오·TV 방송 채널(주파수), 라디오·TV방송 송출망(발사기지, 중계국, 방송위성, 위성업로드기지, 위성수신기지 및 중계국, 마이크로주파수 기지, 감측소, 케이블 라디오·TV방송 송출망), 라디오·TV 영상 신청 업무 및 위성 TV·방송 지면접수시설 설치 서비스 (투자 금지)
37. 라디오·TV방송 프로그램 제작 경영(해외도입 포함)회사 (투자 금지)
38. 영화 제작회사, 배급회사, 방영사 및 영화 도입 업무(투자 금지)
39. 문화재 경매업을 경영하는 경매기업, 문화재 판매점과 국유문물박물관 (투자 금지)
40. 문예공연단체 (투자 금지)

2018년에는 48개 항목이었으나 2019년은 40개 항목으로 8개 항목이 줄었다. 줄어든 8개 항목 중 2개 항목은 간소화된 것으로, 실질적으로는 6개 항목이 줄어든 것이다. 아래 6개 항목은 더 이상 네거티브리스트가 아닌 산업으로 외자기업이 100% 투자 가능한 산업이니 참고하시길 바란다.

1) 석유, 천연가스의 탐사 및 개발
2) 선지 및 묵정의 생산
3) 국내선박대리회사
4) 국가가 보호하며 원산지가 중국인 야생 동/식물 자원 개발
5) 영화관 건설 및 경영
6) 공연중개기구

외상투자 장려 산업 목록

1. 농·임·목축·어업

   1) 목본 식용유류, 조미료 및 산업 원료용 재배 및 개발, 생산
   2) 친환경, 유기농 야채(식용균, 참외, 수박 포함), 건조 및 신선 과일, 찻잎 재배기술의 개발 및 제품 생산
   3) 설탕 원료, 과일나무, 목초 등 농작물의 재배기술 개발 및 제품 생산
   4) 화초 생산 및 육묘장 건설, 경영
   5) 천연고무, 기름야자, 사이잘Sisal, 커피의 재배
   6) 중약재中药材 재배, 양식
   7) 농작물 곡초穀草 자원의 활용, 유기비료 자원의 개발 생산
   8) 수산 묘종번식(중국 특유의 우량 품종 제외)
   9) 사막화 및 수분/토양의 유실 예방 관리 관련 나무 심기, 풀 심기 등 생태환경 보호 건설, 경영
   10) 수산물 양식, 가두리 양식, 공장화 수산양식, 생태형 해양 증식 및 양식

2. 채광업

   11) 석유, 천연가스(유혈암, 유사, 셰일 가스, 석탄층 가스 등 비 일반 오일가스 포함)의 탐사, 개발 및 탄광 갱내 가스 이용
   12) 원유 채취율 향상(공사 서비스 형식) 및 관련 신기술의 개발 응용
   13) 물리탐사, 시추, (지질학) 검층, (지질학) 검층 기록, 탄광 갱내 작업 등 석유탐사 개발 관련 신기술의 개발과 응용
   14) 광산 미광 이용률 관련 신기술 개발, 응용 및 광산 생태 복구 기술의 활용

15) 중국에 부족한 자원 종류(칼륨염, 크롬철광 등)의 탐사, 채굴 및 선광

3. 제조업

-1- 농산부산물 가공업

16) 고효율의 안전한 환경 보전 사료 및 사료첨가제(메티오닌 포함)의 개발

17) 수산물 가공, 조개류 정화 및 가공, 해조海藻 보건식품의 개발

18) 야채, 건과류 및 신선 과일, 가축가금 제품의 가공

-2- 식품 제조업

19) 영아 처방 식품, 특별 의학 용도 처방 식품 및 보건식품의 개발, 생산

20) 삼림 식품의 개발과 생산

21) 천연식품 첨가제, 천연 향신료 관련 신기술 개발 및 생산

-3- 주류, 음료 및 정제차(茶)제조업

22) 과일/야채 음료, 단백질 음료, 차 음료, 커피 음료, 식물성 음료 등의 개발, 생산

-4- 방직업

23) 부직포, 기계식 직포, 편직포 및 그 복합 공예기술을 도입한 경량, 고강도, 저온 및 고온 에 대한 고내구성, 화학 물질에 대한 내구성, 광선에 대한 내구성 등 다기능화 산업용 방직물의 생산

24) 첨단 에너지 절약, 오염배출 감소 기술과 장비를 사용한 고급 방직물의 염색 및 후처리 가공

25) 생태, 자원의 이용 및 친환경 요구에 부합되는 특수 천연섬유(캐시미어 등 특수 동물섬유, 마섬유, 마섬유, 잠사, 천연색 목화 등 포

함)의 제품 가공

-5- 방직의류, 장신구 업종

26) 컴퓨터 통합 제조 시스템을 사용한 의류 생산
27) 기능성 특별의류 생산

-6- 피혁, 모피, 깃털 및 해당 제품과 신발제조업

28) 피혁, 모피의 청결화 기술 가공
29) 피혁 후처리 신기술 가공
30) 피혁 폐기물의 활용

-7- 목재가공과 나무, 대나무, 등나무, 종려나무, 짚 제품업

31) 임업 관련 3가지 잔폐물(채벌 잔폐물, 조재 잔폐물, 가공 잔폐물), '저질, 소형, 땔감' 목재 와 대나무 재료의 활용 관련 신기술, 신제품의 개발 및 생산

-8- 문화교육, 공예미술, 스포츠 및 오락 용품 제조업

32) 고급 카펫, 자수, 드론워크Drawnwork 제품의 생산

-9- 석유가공, 코크스 및 핵연료 가공업

33) 석탄산유 가공, 세정유 가공, 최신 콜타르 피치 사용(모디파이드 피치 제외)

-10- 화학원료 및 화학제품 제조업

34) 폴리염화비닐(PVC), 유기 실리콘 신형 하위 제품의 개발 및 생산
35) 합성재의 부록 원료: 과산화 수산화 프로필렌법, 나프탈렌 다이메틸에스테르(NDC), 1,4-사이클로헥산 디메탄올(CHDM), 5만 톤/

년 및 그 이상의 뷰타다이엔 공법의 아디포나이 트릴과 에틸렌다이아민 생산

36) 합성 섬유원료: 나일론 66염, 1,3-프로필렌 글리콜 생산

37) 합성고무: 우레탄 고무, 아크릴 고무, 클로로히드릴 고무 및 불소고무, 실리콘 고무 등 특별 고무의 생산

38) 공정 플라스틱 및 플라스틱 합금: 6만 톤/년 및 그 이상의 비포스겐 폴리카보네이트(Non phosgene PC), 호모폴리머 폴리옥시메틸렌, 폴리페닐렌 설파이드, 폴리에테르에테르케톤, 폴리이미드, 폴리설폰, 폴리에테르설폰, 폴리에테르에테르케톤, 폴리이미드, 폴리설폰, 폴 리에테르설폰, Polyarylester(PAR), 폴리페닐렌옥시드(PPO) 및 그 변성재료, 액정폴리머 등 제품의 생산

39) 정밀 화학공업: 촉매제 신제품/신기술, 염(안)료 상품화 가공기술, 전자 화학품 및 제지 화학품, 피혁 화학품(N-N 디메틸포름아미드 제외), 유전油田 보조제, 표면활성제, 수처리제, 접착제, 무기섬유, 무기나노 재료의 생산, 안료 외피처리의 정밀가공

40) 수성잉크, 전자빔 응고 및 자외선 응고 등 저휘발성 잉크, 환경친화형 유기 용제의 생산

41) 천연향료, 합성향료, 단일향료 생산

42) 고성능 페인트, 하이솔리드 페인트, 무용제 페인트, 수성 공업 페인트 및 부속 수성 수지 생산

43) 고성능 불소수지, 불소필름 재료, 의료용 불소함유 중간체, 친환경 불소함유 냉각제 및 청결제, 발포제의 생산

44) 인Phosphorus화학공업, 알루미늄 제련 중에 불소자원 회수 관련 생산

45) 임업 화학제품의 신기술/신제품 개발 및 생산

46) 친환경 무기/유기 생체막 개발 및 생산

47) 신형비료 개발 및 생산: 고농도 칼륨비료, 복합형 미생물 접종제, 복합 미생물 비료, 농 작물 곡초 및 쓰레기 부식제, 특수기능 미생물 제제

48) 높은 효율성과 안전성을 갖춘 친환경 농약 신품종, 신제형, 전문용 중간체, 보조제의 개 발과 생산 및 관련 청정 생산공법의 개발 및 응용(메틴법, 아세터클로르 수상법, 클로르 피리포스 공법, 글라이포세이트 염화메틸 회수 공법, 종합지향법, 키랄성 및 입체구조 농약의 생산, 염화메틸 합성기술)

49) 바이오 농약 및 바이오 방제 제품의 개발 및 생산: 미생물 살충제, 미생물 살균제, 농업 용 항생제, 곤충 페르몬, 천적 곤충, 미생물 제초제

50) 폐기가스, 폐기액체, 고형 폐기물의 활용 및 처리, 처치

51) 유기고분자 재료의 생산: 항공기 기체 페인트, 희토류 황화세륨 적색 페인트, 무연화 전 자 패키징 재료, 컬러 플라스마 디스플레이 전용 계열의 포토에칭필르, 소직경이 표면적 보다 큰 극세사 섬유, 고정밀 액체유 여과지, 리튬이온 배터리 분리막, 표면처리 자가복구 재료, 나노 코팅 재료

-11- 의약 제조업

52) 신형 화합물 약물 혹은 활성성분 약물의 생산(원료약, 제제 포함)

53) 아미노산류: 발효법을 이용한 트립토판, 히스티딘, 메티오닌 등의 생산

54) 신형 항암약물, 신형 심뇌혈관 약품 및 신형 신경계통 약품의 개발 및 생산

55) 바이오 공법기술을 도입한 신형 약물의 생산

56) 에이즈 백신, B형 간염 백신, 피임 백신 및 자궁 경부암, 말라리아,

수족구병 등 신형 백신의 생산

57) 해양약물의 개발 및 생산

58) 약품제제: 용해 완만, 통제 가능, 타깃치료 가능, 피부 투과 흡수 등 신기술을 도입한 신형 조제 약제 및 신제품의 생산

59) 신형 약용 보조제의 개발 및 생산

60) 동물 전용 항균원료 약물의 생산(항생물질, 화학합성류 포함)

61) 동물용 항균제, 구충제, 살충제, 항구충제 Anti-coccidiosis agent 신제품/ 신제형 생산

62) 신형 진단 시제의 개발 및 생산

-12- 화학섬유 제조업

63) 차별화 화학섬유 및 케블라, 탄소섬유, 고강도 폴리에틸렌, 폴리페닐렌 설파이드(PPS) 등 하이테크 화학섬유(비스코스섬유 제외)의 생산

64) 섬유 및 비섬유용 신형 폴리에스테르의 생산: 폴리트리메틸렌테레프탈레이트(PTT), 폴리에틸렌 나프탈레이트(PEN), 폴리사이클로헥실렌 디메틸렌 테레프탈레이트(PCT), 이가 알코올수식 폴리에딜렌 디레프탈레이트(PETG)

65) 신형 재생가능 자원 및 친환경 공법을 이용한 바이오매스 섬유의 생산, 신용제법을 이 용한 리오셀(Lyocell)과 대나무, 마 등을 원료로 하는 재생 리오셀, 폴리유산(PLA) 섬유, 키토산섬유, 폴리하이드록시알카노이드(PHA) 섬유, 동식물 단백질 섬유 등 포함한 섬유 생산

66) PA11(밀도1.04g/cm^3), 나일론PA1414, 나일론 PA46, 긴사슬 나일론, 내고온 나일론 등 신형 폴리아미드 개발 및 생산

67) 레이디얼 타이어용 케플라 섬유 및 코드 생산

-13- 고무 및 플라스틱 제품업

68) 신형 광생태(photoecology) 다기능 광폭 농업용 필름의 개발 및 생산
69) 폐기 플라스틱의 회수 및 재활용
70) 플라스틱 플렉시블 패키징 신기술/신제품(고분리, 다기능 필름 및 원료)의 개발 및 생산

-14- 비금속 광물 제품업

71) 에너지 절감, 친환경, 재활용 가능한 경량, 고강도, 고성능, 다기능 건축재의 개발 생산
72) 강재 대체용 플라스틱, 목재 대체용 플라스틱, 에너지 절약 및 고효율 화학 건축자재 제품 생산
73) 연간 생산량 1,000만m^2 이상의 엘라스토머, 플라스토머수식 아스팔트 방수 롤자재, 광폭(2m 이상) EPDM 고무 방수 롤자재 및 부속자재, 광폭(2m 이상) 폴리염화비닐 방수 롤자재, 열가소성 폴리올레핀(TPO) 방수 롤자재 생산
74) 신기술 기능성 유리의 개발 및 생산: 전자파 차단 유리, 마이크로 전자용 유리기판, 적외 선 투과 크라운 유리 및 전자 대규격 석영유리 제품(파이프, 패널, 도가니, 계측기 용기 등), 광학성능이 뛰어난 다기능 방풍 유리, 정보기술용 극단자재 및 제품(도파 레벨의 고 정밀 광섬유모재, 석영유리 케이싱 및 세라믹 기판 포함), 고순도($\geq$ 99.998%) 초순도($\geq$99.999%) 크리스탈 원료의 정제 가공
75) 박막 배터리용 전도 유리, 태양열 반사경 유리, 건축용 전도 유리의 생산
76) 유리섬유 제품 및 특수 유리섬유의 생산: 저유전 유리섬유, 석영 유리섬유, 고실리카 유 리섬유, 고강도 고탄성 유리섬유, 세라믹 섬유

및 그 제품

77) 광학섬유 및 그 제품의 생산: 영상전달 빔 및 레이저 의료 광섬유, 슈퍼 2세대 및 3세대 마이크로 채널 플레이트와 광학섬유 패널, 이미지 인버터 및 글라스 테이퍼

78) 세라믹 원료의 표준화 정제, 세라믹용 고급 장식재의 생산

79) 시멘트, 전자유리, 세라믹, 마이크로포어 탄소벽돌 등 용광로용 친환경 내화재료(크롬프 리화)의 생산

80) 다공질 세라믹의 생산

81) 무기 비금속 신재료 및 그 제품의 생산: 복합재, 특수 세라믹, 특수 밀봉재(고속 오일 밀 봉재 포함), 특수 마찰재(고속 마찰 브레이크 제품 포함), 특수 젤라틴 물질, 특수 라텍스 재료, 수중음파탐지용 고무제품(Sonar ruber), 나노 소재

82) 유기-무기 복합포말 보온 재료의 생산

83) 하이테크복합자재 생산: 연속섬유 증강 열가소성 복합자재와 프리프레그, 내온〉300℃ 수지기 복합자재 성형용 공정보조자재, 수지계 복합자재(고급 스포츠 용품, 경량 및 고 강도 교통도구 부품 포함), 특수기능성 복합자재 및 관련 제품 (심수 및 잠수 복합자재 제품, 의료용 및 재활용 복힙자재 제품 포함), 탄소 및 탄소 복합자재, 고성능 세라믹 복 합자재 및 관련 제품, 금속기 및 글라스기 복합자재 및 관련 제품, 금속층 복합자재 및 관련 제품, 압력≥320MPa 초고압 복합호스, 대형여객기 항공타이어

84) 정밀 고성능 세라믹 원자재의 생산: 탄화규소(SiC) 초미세 분말체 (순도〉99%, 평균 입자지름〈1㎛), 질화규소(Si3N4) 초미세 분말체(순도〉99%, 평균 입자지름〈1㎛), 고 순도 초미세 산화알루미늄 분말(순도〉99.9%, 평균 입자지름〈0.5㎛), 저온 소결 산화

지 르코늄(ZrO2) 분말체(소결온도〈 1,350℃), 고순도 질화알루미늄(AlN) 분말체(순도〉99%, 평균 입자지름〈 1µm), 금홍석형 TiO2 분말체(순도〉98.5%), 실리카에어로겔(입자지름〈 100nm), 티탄산 바륨(순도〉99%, 입자지름〈 1µm)

85) 고품질 인공크리스털 및 크리스털 필름 제품 개발과 생산: 고품질 인공합성 크리스털(압 전크리스털 및 자외선투과 크리스털), Superhard crystal(입방정질화 붕소 크리스털), 내고 온 고절연성 인공합성 절연 크리스털(인공합성운모), 신형 전기광학 크리스털, 고출력 레이저 크리스털 및 대형 신틸레이션 크리스털, 다이아몬드 필름 공구, 두께 0.3mm 및 그 이하의 초박형 인조다이아몬드 톱날

86) 비금속광물 정밀 가공(초미세 분쇄, 고순도, 정제, 변성)

87) 초고성능 흑연전극의 생산

88) 펄라이트 운모의 생산 (입자지름 3-150µm)

89) 다차원 다방향성 편직물 및 모형직물의 생산

90) 신형 건식 시멘트소성로를 이용한 고형폐기물의 무해화 처리

91) 건축 폐기물의 재생 활용

92) 공업 부산물 석고 등 산업 폐기물의 활용

93) 비금속 광산 폐석을 활용한 신기술 개발, 응용 및 광산 생태 복원

-15- 유색금속 제련 및 압연 가공업

94) 직경 200mm 이상의 단결정질 실리콘 및 폴리싱 웨이퍼의 생산

95) 하이테크 기술의 유색금속 자재 생산: 화합물 반도체 자재(갈륨비소, 질화갈륨, 인화인듐, 갈륨니트라이드), 고온초전도자재, 메모리 합금자재(티타늄-니켈, 구리계 및 철계 메모리 합금자재), 초미세(나노) 탄화칼슘 및 초미세(나노)결정 경량 합금, 초경도 복합자재, 귀 금속 복합자재, 라디에이터용 알루미늄호일, 중고압 음극 전

기 용량 알루미늄호일, 특수 대형 알루미늄 합금 성형 자재, 알루미늄합금 정밀 금형 단조물, 전기화철도 가공전선, 극박형 구리줄, 내부식성 열교환기 동합금재, 고성능 동-니켈, 동-철 합금줄, 베릴륨 구리줄, 와이어, 파이프 및 봉가공재, 내고온성 항감쇠텅스텐와이어, 마그네슘합금 주조물, 무연땜납, 마그네슘합금 및 응용 제품, 발포알루미늄, 티타늄 합금제련 및 가공, 원자력급 지르코늄스펀지, 텅스텐 및 몰리브덴 정밀가공 제품

-16- 금속 제품업

96) 항공, 우주, 자동차, 오토바이 경량화 및 친환경 신재료의 개발 및 제조(전용 알루미늄판, 알루미늄-마그네슘 합금재, 오토바이 알루미늄 합금 프레임 등)
97) 경금속 반고체 고속 성형재의 개발 및 제조
98) 각종 식량/식품, 과일/야채, 음료, 일용 화학제품 등 내용물의 포장에 사용되는 금속 포 장제품(두께 0.3mm 이하)의 제조 및 가공(제품의 내/외벽 인쇄/코팅 가공 포함)
99) 니켈 스테인리스 제품의 제조

-17- 통용설비 제조업

100) 고급 수치제어선반 및 중요 부품의 제조: 5축 연동 수치제어선반, 수치제어 좌표 절삭 착공 가공센터, 수치제어 좌표 그라인더
101) 1,000톤 및 그 이상의 멀티스테이션 단압 성형기 제조
102) 폐 자동차의 해체, 분쇄 및 후처리 선별 설비의 제조
103) FTL 연성 생산라인의 제조
104) 수직 다관절 공업로봇, 용접로봇 및 그 용접 장치 설비의 제조
105) 마이크로 레벨의 초미세 분쇄기 제조

106) 400톤 및 그 이상 휠 타입/벨트 타입 기중기의 제조

107) 작동압력≥35MPa 고압 플랜져 펌프 및 모터, 작동압력≥35MPa 저속 대형 토크 모터의 설계 및 제조

108) 작동압력≥25MPa 일체식 유압 멀티유닛 밸브, 전기유압 서브 부품 제조

109) 밸브터미널, 출력 0.35W 이하 에어솔레노이드 밸브, 200Hz 이상 고주파수 전기제어 밸브 설계 및 제조

110) 정유압(Hydrostatic)식 구동 장치의 설계 및 제조

111) 압력 10MPa 이상 비접촉식 가스 필름 패킹, 압력 10MPa 이상 드라이 가스 패킹(실험 장치 포함)의 개발 및 제조

112) 차량용 고분자 재료(마찰판, 개조형 페놀알데히드 피스톤, 비금속 유압 메인/서브 펌프 등) 설비의 개발 및 제조

113) 3세대 및 그 이상 승용차 허브 베어링, 중고급 수치제어 선반 및 가공센터 베어링, 고속 선재 및 판재 압연 베어링, 고속철도 베어링, 진동값 Z4 이하 저소음 베어링, 각종 베어링의 P4, P2 레벨 베어링, 풍력발전기 베어링, 항공 베어링의 제조

114) 고밀도, 고정밀, 복합 형상을 가진 분말금속제련 부품 및 자동차, 공정기계 등에 사용 되는 체인 제조

115) 풍력발전, 고속열차용 기어변속기, 선박용 가변 피치 기어전동 시스템, 대형 적재량 기어 박스의 제조

116) 내고온 절연재(절연 F, H 레벨) 및 절연 몰딩의 제조

117) 축열기 캡슐, 유압 압축공기용(hydropneumatic) 고무 패키징 제품의 개발 및 제조

118) 고정밀, 고강도(12.9 레벨 이상), 변형/조합류 고정 부품 제조

119) 소형 정밀 동력전달장치(클러치) 제조

120) 대형 압연기 연결축 제조
121) 선반, 건설 장비, 기관차 장비 등 기계설비의 제조, 자동차부품의 제조, 의학용 영상 설비 중요 부품의 제조, 복사기 등 사무 설비의 제조
122) 1,000 만 화소 이상 혹은 수평 촬영각 120° 이상 디지털 카메라 및 그 광학렌즈, 광전 모듈의 개발 및 제조
123) 사무용 기계(산업용 포함)의 제작: 다기능 복합 사무설비(복사, 프린터, 팩스, 스캐너), 컬러 프린터 설비, 정밀도 2,400dpi 및 그 이상 고해상도 컬러 프린터 헤드, 감광 드럼
124) 영화 기계 제조: 2K, 4K 디지털 영화 영사기, 디지털 영화 카메라, 디지털 영상 제작 및 편집 설비

-18- 전문설비 제조업

125) 광산 무궤도 채광, 적재, 운수 설비의 제조: 200톤 및 그 이상 기계식 동력전달 광산용 덤프트럭, 이동식 크러셔, 5,000m^3/h 및 그 이상 버킷 굴착기, 8m^3 및 그 이상 광산용 적재기, 2,500kW 이상 전동 견인 채탄기 설비 등
126) 물리탐사(중력, 자기력 측량 제외), 시추 설비의 제조: MEME 지진검파기, 디지털 원격 측정 지진계, 디지털 영상기, 디지털 컨트롤 시추 시스템, 수평갱, 정방향갱, 시추기 장치 및 기구, MWD 드릴장착 시추기
127) 석유탐사, 시추, 집중운송 설비의 제조: 작업 수심 1,500m 이상 부유식 탐사정 시스템 과 부유식 생산 시스템, 세트형 해저 원유 채취, 수집/운송 설비
128) 구경 2m 이상, 높이 30m 이상 대구경 회전 탐사정, 직경 1.2m 이상 파이프 잭킹 시스템, 힝력 300톤 이상 대형 비굴착 지하 파이

프라인 세트 설비, 지하 연속 벽면 시공 /시추기 제조

129) 520마력 및 그 이상 대형 불도저의 설계 및 제조
130) 100㎥/h 및 그 이상 규격의 준설기, 1,000톤 및 그 이상 준설선의 준설장치 설계 및 제조
131) 홍수방지 댐용 콘크리트 침투 방지벽 시공 장비의 설계 및 제조
132) 수중 토목/석재 시공 기계 제조: 수심 9m 이하 불도저, 적재기, 굴착기 등
133) 도로 교량 보수, 자동 테스트 설비의 제조
134) 도로터널 운영 모니터링, 통풍, 재난방지 및 구조요청 시스템 설비의 제조
135) 철로 대형공사, 철로선로, 교량, 터널 유지보수 보수 기계와 검사, 모니터링 설비 및 관련 중요 부품 설계 및 제조
136) (아스팔트) 루핑(Roofing) 설비, 아연도금 강판 등 금속 루핑 생산설비 제조
137) 친환경 에너지 절감 스프레이 코팅의 폴리우레탄 방수/보온 시스템 설비, 폴리우레탄 밀폐제 조제 기술 및 설비, 변성 실리콘 밀폐제 조제 기술 및 생산설비의 제조
138) 고정밀도 띠강재 압연기(두께 정밀도 10μm)의 설계 및 제조
139) 초미세, 다원소의 선별이 어려운 금속제련 선광 장치 제조
140) 100만 톤/년 및 그 이상 에틸렌 세트설비 중에 중요 설비의 제조: 연간 처리량 40만 톤 이상 혼합 조립기, 직경 1,000mm 및 그 이상 나선방출 분리기, 저유량-고양력 원심펌프
141) 금속제품 금형(구리, 알루미늄, 티타늄, 지르코늄 재질의 파이프, 봉, 형재 압출 금형)의 설계 및 제조
142) 자동차 차체 외부 중압 프레스 금형, 자동차 계기판, 범퍼 등 대형

사출성형 금형, 자동차 및 오토바이 홀더, 게이지의 설계 및 제조

143) 자동차 동력배터리 전문 생산설비의 설계 및 제조
144) 정밀금형(정밀도 0.02mm 이상 프레스 금형, 정밀도 0.05mm 이상 주형강)의 설계 및 제조
145) 비금속 제품 금형의 설계 및 제조
146) 6만 Bottle/h 및 그 이상 맥주 주입 설비, 5만 Bottle/h 및 그 이상 음료수 중온 및 고온 주입 설비, 3.6만 Bottle/h 및 그 이상 무균 주입 설비의 제조
147) 아미노산, 효소제, 식품 첨가제 등 생산기술 및 중요 설비의 제조
148) 10톤/h 및 그 이상 사료가공 세트 설비 및 중요 부품의 제조
149) 골판 두께 0.75mm 및 그 이상 경량 골판지 및 박스 설비의 제조
150) 싱글 시트, 멀티컬러 오프셋 인쇄기(폭≥750mm, 인쇄 속도: 단면 멀티 컬러≥16,000 장/h, 양면 멀티 컬러≥13,000장/h) 제조
151) 인쇄속도 75,000 반절지/h(787×880 mm) 이상의 싱글폭 단일시트 롤지 오프셋 인쇄기, 인쇄속도 170,000 반절지/h(787×880 mm) 이상의 더블폭 단일시트 롤지 오프셋 인쇄기, 인쇄속도 50,000 반절지/h(787×880mm) 이상의 상업용 롤지 오프셋 인쇄기 제조
152) 멀티 컬러 유연판 인쇄기(인쇄너비≥1,300mm, 인쇄속도≥350 m/초), 잉크젯 디지털 인쇄기(출판용: 인쇄속도≥150m/분, 해상도≥600dpi, 포장용: 인쇄속도≥30m/분, 해상도≥1,000dpi, 가변 데이터용: 인쇄속도≥100m/분, 해상도≥300dpi)의 제조
153) 컴퓨팅 잉크 사전 세팅, 잉크 원격제어, 잉크속도 추적, 인쇄품질 자동 검사 및 추적 시스템, 무축 구동 전달 기술, 속도 75,000 장 이상/시간, 고속 자동 종이 이음기, 급지기와 자동 원격제어 조절

이 가능한 고속 접지기, 자동 컬러인쇄 시스템, 냉각장치, 실리콘 첨가 시스템, 오프세트 장치 등의 제조

154) 전자총 자동 코팅기의 제조
155) 평판유리 심층가공 기술 및 설비의 제조
156) 신형 제지기계(펄프 포함) 등 세트설비의 제조
157) 피혁 후처리 신기술 설비의 제조
158) 농산물 가공 및 저장 설비의 개발 및 제조: 식량, 연료, 야채, 신선 과일, 육류, 수산물 등 제품의 가공 저장, 신선도 유지, 등급 선별, 포장, 건조 등 신설비, 농산물 품질검사 기기 설비, 농산물 품질 비파괴 검사기기 설비, 유량계, 분말 품질계, 초미세 분쇄설비, 고효율 탈수설비, 고효율 과일즙 농축설비, 분말체 식품원료 살균설비, 고체 및 반고체 식품 무균포장 설비, 디스크형 원심분리기
159) 농업기계 제조: 농업 시설 설비(온실 자동 관개 설비, 영양액 자동 공급 및 비료주기 설비, 고효율 야채 육묘 설비, 토양/양분 분석계), 엔진 출력 셋팅 200㎾ 이상 트랙터 및 농기구, 저연비, 저소음, 저배기량 디젤 엔진, 대형 트랙터의 잔여 미세 입자 휴대 형 회수 기능 분무기, 고성능 벼이앙기, 목화 채취기, 각종 줄 간격에 적용되는 독립형 옥수수 수확기(유압 구동 혹은 기계 구동), 땅콩 수확기, 유채씨 수확기, 사탕수수 수확 기, 사탕무 수확기
160) 임업기기 신기술 설비의 제조
161) 농작물 줄기 수집, 묶기 및 활용 설비의 제조
162) 농업용 폐기물의 자원화 이용설비 및 규모화, 가축/가금 폐기물의 자원화 이용 설비의 제조
163) 비료 절약, 농약 절약, 절수형 농업기술 설비의 제조
164) 기계식 전기 우물의 세정 설비 및 세정 약물 생산설비의 제조

165) 전자 내시경의 제조
166) 안저眼底 촬영기 제조
167) 의학용 영상 설비(고장강도 초전도형 자기공명 영상설비, X-레이 컴퓨팅 단층촬영 설비, 디지털화 컬러 초음파 진단설비 등) 중요 부품의 제조
168) 의학용 초음파전환기(3D)의 제조
169) 붕소 중성자 포획 치료 설비의 제조
170) 이미지 유도 적합형 강도 조절가능 방사능 치료 시스템의 제조
171) 혈액투석기, 혈액여과기의 제조
172) 전자동 바이오 모니터링 설비, 다분류 혈액세포 분석계, 전자동 화학 발광 면역분석계, 고중성 자속 유전자 서열 분석 시스템의 제조
173) 약물 품질 제어 신기술/신설비 제조
174) 천연약물 유효 물질 분석 관련 신기술, 프로세스, 설비의 개발 및 제조
175) 비PVC 의료용 링거팩의 다층 공압출/수냉식 박막 압출 장비 제조
176) 신형 방직기계, 중요 부품 및 방직 검사, 실험 기기의 개발 및 제조
177) 자카드(Jacquard) 방식의 컴퓨팅 인조모피 기계의 제조
178) 태양에너지 배터리 전문 생산설비의 제조
179) 대기오염 방지관리 설비의 제조: 내고온 및 내부식 여과지, 저질소 산화물(NOx) 연소장치, 연기 탈질소 촉매제 및 탈질소 세트장치, 연기 유황제거 설비, 연기 먼지제거 설비, 공업 유기폐기 정화설비, 디젤 차량 배기정화 장치, 중금속 함유 폐기처리 장치
180) 물오염 방지관리 설비의 제조: 수평식 나선형 원심탈수기, 멤브레인 및 멤브레인재, 50kg/h 이상 오존발생기, 10kg/h 이상 이산화염소 발생기, 자외선 소독장치, 농촌소형 생활오수 처리설비, 중금

속 함유 폐수처리 장치

181) 고체 폐기물 처리설비의 제조: 오수처리장 퇴적물 처리 및 자원 이용 설비, 일일 평균 처리량 500톤 이상 쓰레기 소각 세트 설비, 쓰레기 매립 삼투방식 처리기술 장비, 쓰레기 매립장 침투방지 차수막, 건축 쓰레기 처리 및 자원화 이용 장비, 위험 폐기물 처리장치, 쓰레기 매립장 메탄가스 발전장치, 폐기철강 처리 설비, 오염 토양 복원설비

182) 알루미늄 적조 처리 설비의 개발 및 제조

183) 폐석 처리 설비의 제조

184) 폐기 플라스틱, 전기제품, 고무, 배터리 회수처리 재활용 설비의 제조

185) 폐기 방직물 회수처리 설비의 제조

186) 폐기 기계전기 제품 제조설비의 제조

187) 폐기 타이어 활용 장치의 제조

188) 수생 생태시스템의 환경 보전 기술, 설비의 제조

189) 이동식 조합 정수 설비의 제조

190) 비상용 수질 처리, 반복 이용 설비 및 수질 모니터링 기기

191) 공업용수 파이프라인, 설비(기구)의 누수검사 설비 및 기기

192) 일일 평균 생산량 10 만 m2 및 그 이상 해수 담수화 및 순환냉각 기술, 세트설비의 개발 및 제조

193) 특수 기상 관측 및 분석 설비의 제조

194) 지진파 관측대, 유동 네트워크 지진 관측 기술 시스템의 개발 및 계기 설비의 제조

195) 3-4 드럼 및 그 이상 레이디얼 타이어 성형기의 제조

196) 회전 저항력 테스트기, 타이어 소음 시험실의 제조

197) 열공급 계량, 온도 제어 장치 신기술 설비의 제조
198) 수소 에너지 제조, 저장운송 설비 및 검사 시스템의 제조
199) 신형 아스팔트유 미세 기화 노즐, 누수율 0.5% 및 그 이상 고효율 스팀 트랩, 1,000℃ 및 그 이상 고온 세라믹 열교환기 제조
200) 해상 원유 유출 회수장치 제조
201) 저농도 탄광 가스 및 환기 이용설비의 제조
202) 청정 석탄 기술 제품의 개발이용 및 설비 제조(석탄 기화, 액화, 메탄액, 공업형 석탄)
203) 대형 인프라시설, 고층건물, 석유화학 공업 시설, 삼림, 산악, 수역과 지하 시설 소방/방화 구조 기술의 개발 및 설비 제조
204) 지능화 긴급 의학 구조/요청 설비의 제조
205) 수문(Hydrology) 모니터링 센서의 제조

-19- 자동차 제조업

206) 자동차 엔진 제조 및 엔진 연구개발 기구의 건설: 리터당 효율성 70㎾ 이상의 가솔린 엔진, 리터당 소비전력 50㎾ 이상 배기량 3L 이하의 디젤 엔진, 리터당 소비전력 40㎾ 이상 배기량 3L 이상의 디젤 엔진, 연료 배터리 및 혼합 연료 등 신재생 에너지 엔진
207) 자동차 중요 부품의 제조 및 중요 기술의 개발: 듀얼 클러지 변속기(DCT), 무단변속기 (CVT), 자동변속기(AMT), 가솔린 엔진 터빈 압력 증폭기, 점성 연결장치(4륜 구동용), 자동변속기 액츄에이터(전자밸브), 유체식 감속기, 와전류 감속기, 자동차 에어백용 기체발생기, 커먼레일 연료분사 기술(최대 분사압력 2,000Pa), 가변 형상 터보차저 기술 (VGT), 가변노즐 터빈기술(VNT), 중국 V단계 오염물 배출 표준에 부합하는 엔진배기 제어장치, 지능화 토크관리시스템(ITM) 및 커플러 어셈블리, 전자제어 조향 시스

템, 미립자필터, 저상 대형버스 전용 구동축, 에너지 흡수형 조향 시스템, 중대형 버스 가변 주파수 에어컨 시스템, 자동차용 특수 고무 부품 및 관련 중요 부속품

208) 자동차 전자장치의 제조 및 개발: 엔진과 차대 전자제어 시스템 및 중요 부속품, 차량 탑재 전자기술(자동차 정보 시스템 및 내비게이션 시스템), 자동차 전자 모션 네트워크 기술, 전자제어 시스템의 입력(센서 및 샘플링 시스템) 출력(액츄에이터) 부품, 전기식 동력조향 시스템 전자제어기, 임베디드 전자통합시스템, 전기제어식 에어스프링, 전 자제어식 서스펜션 시스템, 전자밸브 시스템 장치, 전자조합계기, ABS/TCS/ESP 시스템, 전동브레이크 시스템(BBW), 변속기 제어 유닛(TCU), 타이어 공기압 검지 시스템(TPMS), 차량탑재 자동진단 장치(OBD), 엔진 도난방지 시스템, 자동 충돌방지 시스템, 자동차 와 오토바이 차종시험 및 유지보수용 검사 시스템

209) 신재생 에너지 자동차 중요 부속 제조: 배터리 격리막(두께 15-40μm, 공극률 40-60%), 배터리 관리 시스템, 모터 관리 시스템, 전동자동차 전자제어 통합. 전동자동차 드라이브 모터(피크전력 밀도≥2.5kW/kg, 고효율구간: 65% 작업구간 효율≥80%), 차량용 DC/DC (입력전압 100V-400V), 고성능 전자부품(IGBT, 전압등급≥600V, 전류≥300A), 플 러그인 혼합동력 전기-기계 결합 구동시스템. 연료 배터리 저백금 촉매제, 복합막, 막 전극, 가습기 제어 밸브, 컴프레서, 수소 순환펌프, 70MPa 수소

-20- 철로, 선박, 항공 우주비행 및 기타 운수설비 제조업

210) 중국 오토바이 4 단계 오염물 배기 표준 도달 배기량(배기량〉250ml) 오토바이 엔진 배기제어 장치의 제조

211) 민용 항공기의 설계, 제조 및 유지보수: 간선/지선 비행기, 통용 비행기
212) 민용 항공기 부속품의 제조 및 유지보수
213) 민용 헬리콥터의 설계 및 제조
214) 민용 헬리콥터 부품의 제조
215) 지상/수상 효과 항공기 제조 및 드론, 비행기구의 설계 및 제조
216) 항공 엔진 및 부속품, 항공 보조동력 시스템의 설계, 제조 및 유지보수
217) 민용 항공기 탑재 설비의 설계 및 제조
218) 항공 지상설비의 제조: 민용 공항시설, 민용 공항운영 보장설비, 비행시험 지상설비, 비행시뮬레이션 및 훈련 설비, 항공 테스트 및 계량 설비, 항공 지상시험 설비, 비행기 탑재 설비의 종합 테스트 설비, 항공제조 전용 설비, 항공자재 시험제작 전문용 설비, 민용 항공기 지상 수신 및 응용 설비, 로켓운반 지상 테스트 설비, 로켓 운반역학 및 환경실험 설비
219) 민용 위성의 설계 및 제조, 민용 위성 유효 부하의 제조
220) 민용 위성 부품의 제조
221) 위성 제품 검사 설비의 제조
222) 호화 크루즈 및 심해(3,000m 이상) 해양공정 장비의 설계
223) 선박 중/저속 디젤 엔진 및 그 부품의 설계
224) 선박/선실 기계의 설계
225) 선박 통신 내비게이션 설비의 설계
226) 유람선의 설계

-21- 전기기계, 기자재 제조업

227) 100만kW 하이퍼급 화력발전기용 중요 보조기계 설비의 제조: 안전밸브, 조절밸브

228) 철강업 소결기 탈질산 기술 장비의 제조

229) 화력 발전설비 밀봉재의 설계 및 제조

230) 석탄연소 발전소, 수력발전소 설비용 대형 주조단조품의 제조

231) 수력발전기용 중요 보조기계 설비의 제조

232) 송변전 설비의 제조

233) 신재생 에너지 발전 세트 설비 혹은 중요 설비의 제조: 태양광 발전, 지열 발전, 조석 발전, 파력 발전, 폐기물 발전, 메탄가스 발전, 2.5㎽ 및 그 이상 풍력발전 설비

234) 스털링(Stirling) 발전기 제조

235) 리니어 / 평면 모터 및 그 구동 시스템의 개발 및 제조

236) 하이테크 친환경 배터리의 제조: 동력용 니켈수소 배터리, 니켈아연 배터리, 아연은 배 터리, 리튬이온 배터리, 태양전지, 연료배터리 등(신재생 에너지 자동차 에너지형 동력 배터리 제외)

237) 모터에 직류 속도 조정 기술을 도입한 냉각 에어컨용 컴프레서, CO_2 자연유체를 응용 한 냉각에어컨용 컴프레서, 재생가능 에너지(공기열원, 수원(水源), 지원(地源))를 응용한 냉각에어컨 설비 제조

238) 태양에너지 에어컨, 난방 시스템, 태양에너지 건조장치의 제조

239) 바이오메스 건조 열분해 시스템, 생물질 기화장치의 제조

240) 교류 주파수 변조, 압력조절 견인 장치의 제조

-22- 컴퓨터, 통신 및 기타 전자설비 제조업

241) HD카메라, 디지털 음성재생 설비의 제조

242) TFT-LCD, PDP, OLED 등 평면 디스플레이, 디스플레이 자재의 제조(6세대 및 6세대 이하 TFT-LCD 유리기판 제외)

243) 대형 스크린 컬러 프로젝션 디스플레이용 광학엔진, 광원, 프로젝션 스크린, 고해상도 투사관, 마이크로 디스플레이 프로젝션 모듈 등 중요 부품의 제조

244) 디지털 오디오/비디오 코덱 설비, 디지털 방송TV 방송 스튜디오 설비, 디지털 유선TV 방송 시스템 설비, 디지털 라디오 방송 송출 설비, 디지털 TV 상하 전환기, 디지털 TV 지상방송 단일주파수 방송망(SFN) 설비, 위성 디지털TV 상향링크 스테이션 설비 제조

245) 집적회로 설계, 라인 너비 $28\mu m$ 및 그 이하 대규모 디지털 집적회로의 제조, $0.11\mu m$ 및 그 이하 시뮬레이터, 디지털/아날로그 집적회로의 제조, MEMS 및 화합물 반도체 집적회로의 제조 및 BGA, PGA, FPGA, CSP, MCM 등 최신 패키징 및 테스트

246) 대형/중형 전자컴퓨터, 테라바이트 고성능 컴퓨터, 휴대형 소형 컴퓨터, 대형 시뮬레이션 모방시스템, 대형 공업 제어설비 및 제어기의 제조

247) 컴퓨터 디지털 신호처리 시스템 및 PCB기판 제조

248) 그래픽 이미지 식별 및 처리 시스템의 제조

249) 대용량 광/자기디스크 드라이브 및 그 부품의 개발, 제조

250) 고속 및 100TB 및 그 이상 용량의 저장시스템 및 지능화 저장 설비의 제조

251) 컴퓨터 보조 설계(3D CAD), 전자설계 자동화(EDA), 보조 테스트(CAT), 보조 제조(CAM), 보조 공정(CAE) 시스템 및 기타 컴퓨터 응용시스템의 제조

252) 소프트웨어 제품의 개발, 생산

253) 전자 전용 재료 개발 및 제조(사전 제작 광섬유모재 개발 및 제조 제외)
254) 전자 전용 설비, 테스트 계기, 공구금형의 제조
255) 신형 전자 소재/부품의 제조: 칩 부품, 감지 소재 및 센서, 주파수 제어 및 선택 소자, 혼합 집적회로, 전력 전자부품, 광전자 부품, 신형 전기기계 부품, 고분자 고체콘덴서, 슈퍼 콘덴서, 수동통합 부품, 고밀도 배선적층판, 플렉서블 전자회로판, 리지드-플렉스 인쇄회로기판 및 패키징 적재판
256) 터치 컨트롤 시스템(터치 컨트롤 스크린, 터치 컨트롤 부품)의 제조
257) 가상현실(VR), 증강현실(AR) 설비의 개발 및 제조
258) 발광효율 140lm/W 이상 고휘도 발광 다이오드(LED), 발광효율 140lm/W 이상 발광다이오드 에피웨이퍼(블루레이), 발광효율 140lm/W 이상 또한 전력 200mW 이상 백색 LED 제조
259) 고밀도 디지털 CD 플레이어용 중요 부품의 개발 및 생산
260) 기록 가능 CD 생산
261) 3D 프린터 설비 중요 부속품의 개발 및 제조
262) 위성통신 시스템 설비의 제조
263) 광통신 측량계기, 속도 40Gbps 및 그 이상 광송수신기의 제조
264) 초광대역(UWB) 통신설비의 제조
265) 무선LAN(WAPI 지원 포함), 광역통신망 설비의 제조
266) 100Gbps 및 그 이상 속도 시분할 다중송신방식 설비(TDM), 고밀도 파장 다중 송신설비(DWDM), 광대역 수동형 네트워크 설비(EPON, GPON, WDM-PON 등 포함), 차세대 DSL 칩 및 설비, 광스위치 설비(OXC), 자동 광교환 네트워크 설비(ASON),

40G/sSDH 이상의 광섬유통신 전송설비의 제조

267) IPv6 기반의 차세대 인터넷 시스템 설비, 단말 설비, 테스트 설비, 프로그램, 칩의 개발 및 제조

268) 4세대 및 후속 모바일 통신 체계 스마트폰, 기지국, 핵심네트워크 설비 및 네트워크 검사 설비의 개발 및 제조

269) 조립기기 처리력 6.4Tbps(양방향) 이상 고급 라우터, 교환용량 40Tbps 이상 교환기의 개발 및 제조

270) 항공 교통 관제시스템 설비 제조

271) 음성, 광선, 전기, 터치식 컨트롤 등 컴퓨터 정보 기반 중의약 관련 전자 시뮬레이션 설비, 인체 병리/생리 모형 설비의 개발 및 제조

-23- 측정기와 계량기 제조업

272) 산업 공정 자동제어 시스템 및 장치의 제조: 현장 제어 BUS 시스템, 대형 프로그래밍 가능 컨트롤러(PLC), 2상류 유량계, 고체 유량계, 신형 센서 및 현장 측량계기

273) 대형 정밀기구, 고해상도 현미경(해상도 200nm 이하)의 개발 및 제조

274) 고정밀도 디지털 전압계, 전류계의 제조(표시레인지 7.5bit 이상)

275) 무효전력 자동보상 장치의 제조

276) 안전/생산 관련 신기구 설비의 제조

277) VXI BUS타입 자동테스트 시스템(IEEE1155 국제표준 부합)의 제조

278) 탄광 갱도 내 모니터링 및 재해 사전경보 시스템, 석탄 안전 검측 종합관리 시스템의 개발 및 제조

279) 공정 측량 및 지구 물리 관측 설비의 제조

280) 환경 모니터링 장치의 제조

281) 수문(Hydrology) 데이터 채집, 처리 및 전송과 홍수 방지 경보기기 및 설비의 제조

282) 해양탐사 모니터링 장치 및 설비의 제조

-24- 폐기자원 활용업

283) 석탄 세광 및 선광, 분말 연탄재(유황, 석고 제거 포함), 석탄 맥석 등 활용

284) 완전 생분해 재료의 생산

285) 전기전자 폐기 제품, 폐자동차, 기계전기 설비, 고무, 금속, 배터리의 회수 처리

4. 전기, 열에너지, 가스연료, 물 생산 및 공급업

286) 단위당 60만kW 및 그 이상 하이퍼 설비 발전소의 건설, 경영

287) 배압형 열병합 발전, 열에너지 다냉각 병합 발전을 적용한 30만kW 및 그 이상 열병합 설비 발전소의 건설, 경영

288) 물 부족 지역에 대당 60만kW 이상 대형 공기냉각 설비 발전소의 건설, 경영

289) 석탄 가스화 병합 순환 발전 등 청결 석탄 발전 프로젝트의 건설, 경영

290) 대당 30만 kW 이상 유동 보일러를 사용하여 석탄 맥석, 중국 석탄, 석탄 슬라임 등을 이용한 발전 프로젝트의 건설, 경영

291) 발전 위주 수력 발전소의 건설, 경영

292) 원자력 발전소의 건설, 경영

293) 신재생 에너지 발전소(태양에너지, 풍력 에너지, 지열 에너지, 조석 에너지, 조류 에너지, 파력 에너지, 바이오매스 에너지 등 포함)

의 건설, 경영

294) 전력망의 건설, 경영

295) 해수 이용(해수의 직접 이용, 해수 담수화)

296) 급수장의 건설, 경영

297) 재생 수자원 공장의 건설, 경영

298) 폐수 처리장의 건설, 경영

299) 동력 엔진 차량 충전소, 배터리 교체소의 건설, 경영

300) 수소 주입소의 건설, 경영

5. 교통운수, 창고 저장 및 우정업

301) 철로 간선망의 구축과 경영

302) 도시 간 철로, 시내(교구) 철로, 자원형 개발 철로와 지선철로 및 그 교량, 터널, 페리 와 역(장) 시설의 건설, 경영

303) 고속철로, 도시 간 철로 기초시설의 종합적 유지보수

304) 도로, 단독교량, 터널의 건설, 경영

305) 도로 화물운송회사

306) 항구 공용부도 시설의 건설, 운영

307) 민용 공항의 건설, 경영

308) 공공 항공운송회사

309) 농·임·어업 통용 항공회사

310) 국제 해상운수회사

311) 국제 컨테이너 복합연계운송 업무

312) 송유(가스) 파이프라인, 유류(가스) 창고의 건설, 경영

313) 석탄 파이프라인 운송시설의 건설, 경영

314) 자동화 고도 입체 창고저장 시설, 포장, 가공, 배송 업무 관련 창고 저장 일체화 시설의 건설, 경영

6. 도소매업

315) 일반 상품의 공동 배송, 신선 농산품과 특별약품 저온배송 등 물류 및 관련 기술 서비스

316) 농촌 체인점 배송

317) 팔레트 및 컨테이너 공용 플랫폼 건설, 경영

7. 임대 및 비즈니스 서비스업

318) 국제 경제, 첨단기술, 환경보전, 물류정보 컨설팅 서비스

319) 외주 서비스 수임방식으로 시스템 응용관리, 유지보수, 정보기술 지원 관리, 은행 백그라운드 서비스, 재무결산, 프로그램 개발, 역외 콜센터, 데이터처리 등에 종사하는 정보기술 및 업무프로세스 외주 서비스

320) 창업투자 기업

321) 지적재산권 서비스

322) 가정 서비스업

8. 과학연구 및 기술 서비스업

323) 바이오 공정과 바이오 의학공정 기술, 생물질 에너지 개발 기술

324) 동위원소 방출 및 레이저 기술

325) 해양개발 및 해양 에너지 개발기술, 해양 화학자원 활용 기술, 관련 제품의 개발 및 정밀 가공기술, 해양 의약 및 바이오 제품의 개발 기술

326) 해양 모니터링 기술(해양 조석과, 기상, 환경 모니터링), 해저 및

대양 자원 탐사 평가 기술

327) 해수 담수화 후에 농축해수 제염 활용과 칼륨, 브롬, 마그네슘, 리튬 추출 및 심층 가 공 등 해수 화학자원 고부가치 이용 기술

328) 해상 석유오염 제거와 생태복원 기술 및 관련 제품의 개발. 해수 부영양화 방지관리 기술, 해양생물 폭발 성장에 따른 재해방지 기술, 해안 생태 환경 복구 기술

329) 에너지 절감 환경보전 기술의 개발 및 서비스

330) 자원재생 및 활용 기술, 기업의 생산 증대로 인한 배출물 재활용 기술의 개발 및 그 응용

331) 환경오염 관리 및 모니터링 기술

332) 화학섬유 생산 및 날염 가공의 에너지 소모 절감, 폐가스/폐수/폐기물 관리 신기술

333) 사막화 방지 및 사막 관리 기술

334) 목초 가축 균형의 종합 관리 기술

335) 민용 위성 응용기술

336) 연구개발센터

337) 하이테크, 신제품 개발 및 기업 인큐베이터

338) IoT 기술 개발 및 응용

339) 공업 설계, 건축 설계, 의류디자인 등 크리에이티브 산업

9. 수자원, 환경 및 공공시설 관리업

340) 도시 내 폐쇄형 도로의 건설, 경영

341) 도시 전철, 경전철 등 궤도 교통의 건설, 경영

342) 쓰레기 처리장, 위험 폐기물 처리장(소각장, 매립지) 및 환경오염 관리 시설의 건설, 운영

343) 도시 주차시설의 건설, 경영

10. 교육
344) 비공식 교육 훈련 기구

11. 위생 및 사회적 업무
345) 노인, 장애인, 어린이 서비스 기구

346) 양로기구

12. 문화, 스포츠 및 오락업
347) 공연장소 경영

348) 체육관 경영, 헬스, 경기 공연 및 스포츠 교육훈련 및 중개 서비스

참고문헌

사실 참고문헌이 많지 않다. 법에 대한 내용을 다룬 책은 많으나 실무를 다룬 책들은 적기 때문이다. 또한 일반 중국에 대한 경험을 다룬 책들은 많이 늘었으나, 실질적인 전문 분야에 대한 경험을 다룬 책은 아직 부족하지 않나 한다. 그래서 어렵기도, 아쉽기도 한 부분이다. 몇 가지 참고한 책과 참고사항들을 적는다.

- 고권석,《중국세법해설》, 한중경영아카데미, 2015.
- 나병희,《중국회계의 달인이 된 나과장》, 지식공감, 2013.
  → 서점에 절판이라 저자에 문의했더니 무료로 주셨다. 정말 감사하다. 아쉬운 점은 타깃이 대학생이라 비즈니스 중국어가 목적이었다. 회계/세무의 다양한 실무사례들을 실어주셨으면 중국에 있는 사장님, 실무자들에게 더 좋지 않았을까 한다.
- 이상일 외,《중국사업 관리실무》1권(투자, 외환 편), CFO아카데미, 2013.
- 이상일 외,《중국사업 관리실무》2권(재무/회계관리 편), CFO아카데미, 2013.
- 이상일 외,《중국사업 관리실무》3권(법인세, 개인소득세, 부동산양도세 관리 편), CFO아카데미, 2013.
- 이상일 외,《중국사업 관리실무》4권(부가가치세, 소비세, 영업세, 기타조세관리 편), CFO아카데미, 2013.
- 전국기업신용정보공시시스템 全国企业信用信息公示系统: gsxt.saic.gov.cn
  → 중국의 모든 회사의 기본 기업정보를 확인할 수 있는 곳(지분담보 여부 확인도 가능)
- 전국외상투자기업년도경영현황연합신고정보공시플랫폼 全国外商投资企业年度经营状况联合申报信息公示平台: gongshi.lhnb.gov.cn
  → 중국의 모든 외상투자기업의 영업집조를 확인할 수 있는 곳
- 중국 노동이슈 전문사이트: cafe.naver.com/kotradalian
  → 중국에서 노동실무 관련 최고 사이트이다. 매일 2~4건의 노동이슈/실무사례가 업데이트된다. 마음에 들어 유료회원으로 가입도 했고, 종종 세무관련 칼럼도 쓰는 곳이다.

개정판

**돈 벌면서 시작하는
중국 법인 설립 가이드**

초　판 1쇄 발행 | 2016년 12월 20일
개정판 1쇄 발행 | 2019년 7월 31일

지 은 이 | 노성균
펴 낸 이 | 이은성
펴 낸 곳 | *e*비즈북스
편　　집 | 황서린
디 자 인 | 백지선

주　　소 | 서울시 동작구 상도동 206 가동 1층
전　　화 | (02) 883-9774
팩　　스 | (02) 883-3496
이 메 일 | ebizbooks@hanmail.net
등록번호 | 제 379-2006-000010호

ISBN 979-11-5783-159-3 03320

*e*비즈북스는 푸른커뮤니케이션의 출판브랜드입니다.

이 도서의 국립중앙도서관 출판시도서목록(CIP)은 서지정보유통지원시스템 홈페이지(http://seoji.nl.go.kr)와 국가자료공동목록시스템(http://www.nl.go.kr/kolisnet)에서 이용하실 수 있습니다.(CIP제어번호: CIP2019027881)